职业院校学生职业素养系列读本

创新，就这么简单

——创新能力读本

主编：王　莉

编者：许生如　王亚珍　周国红

苏州大学出版社

图书在版编目(CIP)数据

创新,就这么简单:创新能力读本/王莉主编. —苏州:苏州大学出版社,2013.5(2020.7重印)
ISBN 978-7-5672-0453-9

Ⅰ.①创… Ⅱ.①王… Ⅲ.①创造教育—高等职业教育—教学参考资料 Ⅳ.①G710

中国版本图书馆 CIP 数据核字(2013)第 105581 号

创新,就这么简单
——创新能力读本
王 莉 主编
责任编辑 王 亮

苏州大学出版社出版发行
(地址:苏州市十梓街1号 邮编:215006)
常州市武进第三印刷有限公司印装
(地址: 常州市武进区湟里镇村前街邮编:213154)

开本 787 mm × 1 092 mm 1/16 印张 9 字数 143 千
2013 年 5 月第 1 版 2020 年 7 月第 6 次印刷
ISBN 978-7-5672-0453-9 定价:30.00 元

苏州大学版图书若有印装错误,本社负责调换
苏州大学出版社营销部 电话:0512-67481020
苏州大学出版社网址 http://www.sudapress.com

职业院校学生职业素养系列读本

主　　任：王志强

副主任：唐卫民　李中民　周志红　丁阿妹
　　　　尹为国　凌洪斌　周万春

编　　委：洪　泉　李乡伟　葛振娣　赵海燕
　　　　金守明　张友林　周　君　孙梅军
　　　　陈修勇　夏桂荣　王　莉　曹祖军
　　　　时晓倩　杨　敏　潘真真　刘从香
　　　　张永亮　杨　徽　周家富　常　飞
　　　　周　超　冯远飞　吴柳月　李子震
　　　　张舒心　鸦　伟　马文峰　李彩兵
　　　　赵元明　余　妍　任国庆　许生如
　　　　王亚珍　季元新　范红梅

序······
Foreword

　　教育是中华民族振兴和社会进步的基石,加快发展职业教育,既是当前社会经济发展的需要,也是促进全面建成小康社会的需要。

　　党的十八大提出,加快发展现代职业教育,坚持教育为社会主义现代化建设服务、为人民服务,把立德树人作为教育的根本任务,全面实施素质教育,着力提高教育质量,培养学生社会责任感、创新精神、实践能力,培养德、智、体、美全面发展的社会主义建设者和接班人。

　　从党的十七大报告中的"大力发展职业教育",到党的十八大报告中的"加快发展现代职业教育","现代"两字的加入,赋予了职业教育改革与发展新的目标和内涵。现代职业教育不仅要注重对学生技能的培养,而且要注重对学生现代职业道德、职业素质的培养,将人才培养目标与现代市场需求"零距离"对接,把人才培养同经济社会发展需要真正结合起来。

　　我们编写的这套《职业院校学生职业素养系列读本》,以全面贯彻素质教育为目的,旨在让职业院校的学生从了解自己、信任自己开始,学会为自己的学习生活定位,为将来的职业生涯定向。丛书通过不同的专题视角,使技校生切实领悟"条条大路通罗马"、"路是自己走出来的"等道理,让职校生切身感悟到除了传统的升学路之外,还有很多适合职校生自我发展、自我提升的途径，作为职校生，只要正视自我，树立自信，发挥特长，把握机会，勇于进取，同样能走出精彩的人生之路。

这套丛书的作者都是多年从事职业教育的教师，他们富有经验，热爱学生，是职校生最可信赖的良师益友。当同学们抱读《职业院校学生职业素养系列读本》时，就犹如与挚友促膝畅谈——谈入学适应、谈人际交往、谈团队协作、谈品质修炼、谈心理素养、谈创新能力、谈职前训练、谈职业生涯、谈创业能力、谈就业指导、谈安全避险。我们希望通过这套丛书，开发职校生素质教育的丰富内容，挖掘职校生不同个体的潜质和精神气质，使学生增强适应能力，提升心理品质，提高协作能力，练就职业技能，具备职业意识，把学生培养成为尊重他人、善于沟通、一专多能、德才兼备的高素质人才。

本套书的编写，以"教育要面向现代化，面向世界，面向未来"为指针，以党和国家教育方针以及职业教育的培养目标为依据，直接体现职业教育培养"与我国社会主义现代化建设要求相适应，德、智、体、美全面发展，具有综合职业能力，在生产、服务一线工作的高素质劳动者和技能型人才"的目标要求。丛书既可以作为职业院校学生了解自我、规划人生的通识读本，也可以供关注自我发展和自我实现的普通读者阅读。

《职业院校学生职业素养系列读本》编委会

2013 年 5 月

前言
Preface

创新是一个民族进步的灵魂。没有创新就没有社会的发展，没有创新就没有人类文明的进步。中华民族从来都是乐于创新、勇于创新的民族。从燧人钻木取火到四大发明的贡献，从"两弹一星"的问世到"神舟九号"飞天的壮举，我们民族创新的脚步，从来都不曾停歇过。从本质上讲，中华民族五千年的文明史，就是一部不断创新的历史，我们的民族正是因为创新而生生不息，发展壮大。而在如今这个竞争激烈的社会，一个没有创新和创造能力的人，根本就谈不上成功。

在不少人眼里，一谈创新，就觉得那是尖端技术，只有科学家、设计师、工程师才能干，与普通人无缘。其实，创新并非那么高深，很多时候它就在你我身边的大事小情中。创新这事，科学家要干，普通人也应该干。

首先，创新需要学习，学习点燃火把。学习，可以调动人的探索兴趣和求知欲，增强人对新事物的敏感性，从而激发创新热情。创新思维要求人们具有广博的知识面，特定的知识结构，非凡的智力技巧和思维能力。博览群书在一定程度上可以解决知识面的问题，而智力技巧和思维能力必须通过不断学习与实践才能提高。

第二，创新需要怀疑与批判。改革创新的过程就是怀疑和批判的过程，就是解决问题的过程。这就需要我们时刻用怀疑与批判的眼光来审视我们的环境，审视我们的现状。怀疑是创新的萌芽，批判是创新的成长。在怀疑中发现错误，在批判中改正错误，创新才能完成。

第三,创新意味着风险与坚持。都说一份耕耘一份收获,而创新的付出却可能收获一份失败的回报。对于创新者而言,成功是一种考验,失败更是一种考验。沉醉于成功的辉煌,往往可能停歇前进的步伐;走不出失败的阴影,则容易导致错过成功的机遇。

本书针对职业院校学生的特点,多以小故事、小活动的形式来阐述创新的知识,尽量做到通俗易懂,生动有趣;并且强调实用性,通过一些创新思维训练,提高学生的创新能力。

编　者

目 录
Contents

Part 1
乐于求知
001/

第一章　知识就是力量　　003
第二章　求知若渴，虚心若愚　010
第三章　自学成就未来　　020
第四章　细节决定成败　　027

Part 2
敢于怀疑
033/

第一章　克服习惯心理，
　　　　培养怀疑意识　　035
第二章　敢于怀疑权威，
　　　　勇于探索创新　　046
第三章　突破思维障碍，
　　　　敢于打破常规　　053

Part 3
勇于创新
065/

第一章	动力推动创新	067
第二章	超越带来创新	074
第三章	协作成就创新	082

Part 4
善于冒险
093/

第一章	你无法逃避	095
第二章	都是"大胆"惹的祸	103
第三章	无限风光在险峰	111
第四章	长路漫漫伴你行	119

附录1	创新个性自测	128
附录2	创新思维能力自测	130
参考文献		132

乐于求知

Part 1

学习是创新的基础；
创新是学习的硕果。
学习不仅仅是为了创新；
但创新却始终离不开学习。

第一章　知识就是力量

今日视点
JINRISHIDIAN

在知识经济时代,知识就是财富。要有强烈的渴求知识的愿望,要一辈子勤奋学习,否则无法跟上时代的发展。在学习的基础上还要强调创新。21世纪需要创造性的人才。要提倡创新精神,培养创造能力。不要墨守成规,别人怎么干,我就怎么干,在这样的精神状态下难以有创新。有人以为创新是科学家的事,只有搞发明的人才需要有创新精神。其实每项工作中都有创造,做任何工作都需要创新。没有创新,社会就不会前进。

课前热身
KEQIANRESHEN

1. 死的知识不如活的智慧。
2. 昨天靠汗水,今天靠知识,明天靠创新。
3. 尽信书不如无书。
4. 要读有字书,更要读无字书。
5. 如果说我比别人看得更远些,那是因为我站在了巨人的肩上。——牛顿

【请你亮相】
请说出你对以上几句话的理解。
_____
_____

勤思乐学的"悟"

晏鹿雪是个活泼开朗的女孩,热爱学习,思维敏捷,上课积极思考,善于表达自己的观点,是个很有悟性的学生。在一次学校运动会上,她在比赛过程中发现裁判的工作很辛苦。裁判员为看清楚运动员在起跳过程中是否踩线而犯规,通常是在起跳板前筑一个类似长方体的"沙墙",一个运动员跳远时如果踩坏"沙墙",即为踩线犯规,这时要等裁判员重新筑好"沙墙",另外的运动员才可以继续跳远比赛。裁判员就这样重复工作着,既辛苦,又浪费时间。

有什么办法能减轻裁判的工作呢? 有一次她参加科技兴趣活动,学习了简单的电子技术,认识了蜂鸣器、发光二极管等简单的电子元件,豁然有了灵感:把蜂鸣器等装在起跳板上?"起跳板自动报警装置"就这样发明成功了,此发明获得了上海市第23届因特尔创新大赛英才奖、江苏省21届创新大赛一等奖、第六届中国国际发明展览会金奖、昆山市首届青少年科技创新市长奖。

创新的来源主要是运用知识思考。有人只学不思,故成书呆子。正思和反思都是有必要的,只有这样,面对一个问题,才能快速而透彻地予以理解,也就是有了所谓的悟性、创新。所谓悟性就是理解能力、认知能力,而创新能够体现理解和认知能力的高低。悟者所接受的信息是特别常见的或者是经过特别"加密"的,从表面上看不出新奇之处。唯有悟者可以通过"解码"而获取其中的信息,其他人则无法了解个中深意。

滴水藏海

坚持学习与创新　创造职教生的精彩

他曾是一名普通码头工人,但他用踏实认真的工作态度、敢为人先的勇气,在平凡的岗位上,一次又一次刷新了集装箱装卸船的世界纪录,成为新时期产业工人的杰出代表。他就是如今已成为青岛港集团前湾集装箱码头公司固机经理的"桥吊专家"许振超。

近日,许振超被聘为滨州职业学院客座教授。在演讲中,许振超用自身丰富的阅历和鲜活的事例告诉广大职教生如何树立正确的人生观和就业观,并在以后的工作中成长为一名出色的产业工人。

成功并不只有上大学一条路
关键是要对自己有清醒的认识

"一个人想为国家、社会做出贡献,实现自己的人生追求,除了上大学之外,其实还有很多路可以走,关键是要对自己有清醒的认识。同时,在自信的引领下坚持学习。"许振超结合自身经历谈道,新时代的工人一定要坚持学习,不断充实自己。这是自我生存的需要,也是自我提升、实现个人价值的需要。

许振超说,自己刚被调去开门车时,因为以前一直是电工,所以对门车技术并没有太多的了解。为了能尽快掌握这些知识,他到处借书看;如果借不到,就从每月不多的伙食费里省出几块钱,到新华书店去买,或者到当时的郊区旧书摊上去淘,回来后就仔细地在书本里寻找自己所需要的知识。最终,他的门车操作技术越来越熟练和细腻。

学习和创新是一名新时代工人必备的条件

20 世纪 80 年代,青岛港组建现代化集装箱公司,许振超成为第一批桥吊司机。许振超说,当时,公司的新设备、新技术使他对本职工作产生了浓厚的学习兴趣,并很快成为公司的技术骨干。

"中国人经常挂在嘴上的一句话是'差不多就行了'。但在工业领域,这个'差不多'真是'差大了'。"许振超说,1988 年,公司使用的唯一一台桥吊出了故障,因为自己修不了,只好请来外国厂家的工程师。仅仅12天,外国工程师就拿走了好几万元人民币。这件事让许振超一直耿耿于怀。为了能尽快掌握维修桥吊的技术,每天下班回家后,他都要带着借来的备用控制板反复琢磨,仔细观察各种电子元件和电路走向,然后一笔一画地绘制草图。就这样,他前后用了4年时间,在没有资料的情况下,用最原始的笨方法,消化、吸收了当时号称世界先进水平的桥吊电气控制系统。

"许多工人或许没上过大学,但学习和创新始终是一名新时代工人必备的条件。"许振超说,在他的个人简历上,"文化程度"一栏填的还是"初中",但这并没有挡住他学习最新技术的步伐。

才能来源于勤奋学习

生而知之者是不存在的,"天才"也是不存在的。人们的才能虽然生来有差别,但主要来自于勤奋学习。

学习也是实践,不断的学习实践是人们的才能的基础和源泉。没有学不会的东西,问题在于你肯不肯学,敢不敢学。自幼养成勤奋学习的习惯,就会比一般人早一些表现出有才能,人们却误认为是什么"天才",捧之为"神童"。其实,"天才"和"神童"的才能主要也是后天获得的。所谓的"天才"和"神童",一旦被人们发现后,社交等因素阻止了他们继续勤奋学习,导致他们渐渐落后,最后竟一事无成者,在历史上是屡见不鲜的。反之,本来不是"神童",由于坚持不懈地奋发努力,而成为举世闻名的科学家、发明家的也大有人在。

牛顿、爱因斯坦、爱迪生都不是"神童"。牛顿终身勤奋学习,很少在午夜两三点以前睡觉,常常通宵达旦地工作。爱因斯坦读中学时成绩并不好,考了两次大学才被录取,学习也不出众,毕业后相当一段时间找不到工作,后来在瑞士伯尔尼专利局当了七年职员。就是在这七年里,爱因斯坦在艰苦的条件下顽强地学习、工作着,利用业余时间研究出了相对论的理论基础。发明家爱迪生家境贫苦,只上了三个月的学,在班上成绩很差,但是他努力自学，对于许多自己不懂的问题，总是以无比坚强的意志和毅力刻苦钻研。为了研制灯泡和灯丝，他摘写了四万页资料，试验过一千六百多种矿物和六千多种植物。由于他每天工作十几小时，比一般人的工作时间长得多，相当于延长了生命，所以当他七十九岁时，宣称自己已经是一百三十五岁的人了。著名数学家高斯自己就曾说过：任何人付出和他同样的努力，都会有他那样的贡献。高斯和他的夫人感情很好，夫人病危时他正在书房里研究数学，家人一再催促，夫人在临终前要见他一面，他总是说：请她再坚持一会儿，一会儿。足见高斯是怎样忘我地醉心于科研工作。居里夫人和她的丈夫为了提炼"镭"，在"共和国不要学者"的豪华巴黎，只能在一个没人要的小木板棚里，坚韧不拔地工作了四年。

其实不仅是科学，在文学艺术上也是一样。狄更斯曾说："我决不相信，任何先天的或后天的才能，可以无需坚定的长期苦干的品质而得到。"巴尔扎克说："不息的劳动之为艺术法则，正如它之为生存法则一样。"

在我国历史上也有不少事例。唐代著名诗人白居易有动人的描述："二十以来，昼课赋，夜课书，间又课诗，不遑被息矣。以至口成疮，手肘成胝，既壮而肤划不丰盈，未老而齿发早衰白。"明代伟大的药物学家李时珍为了编写《本草纲目》，研究自然，搜集资料，踏平坎坷，搏击逆浪，勤奋工作了大半生。清代以画竹著名的郑板桥，曾有描绘刻苦学画的诗句：

　　　　四十年来画竹枝，
　　　　昼间挥写夜间思。
　　　　冗繁削尽留清瘦，
　　　　画到生时是熟时。

总之，人们的才能主要是由勤奋努力学习得来的。所以牛顿说："天才就是思想的耐心。"爱迪生说："天才，是百分之一的灵感加百分之九十九的血汗。"门捷列夫说："终身努力便是天才。"高尔基说："天才就是劳动。"古人曰：锲而舍之，朽木不折；锲而不舍，金石可镂。也是说的一个道理。马克思终身好学不倦，为了写《资本论》，花了四十年的工夫阅读资料和摘写笔记。他在伦敦，每天到大英博物院图书馆阅读，竟在座位前的地板上踩出一双脚印。马克思是我们的光辉榜样，这双脚印深刻地说明：才能来自勤奋学习。

王充首倡"知为力"

英国哲学家弗兰西斯·培根在1620年出版的主要著作《伟大的复兴》的第二部分(他自称为《新工具》)中说:"人的知识和人的力量结合为一。""达到人的力量的道路和达到人的知识的道路是紧挨着的,而且几乎是一样的。"这两句话,被后人概括为"知识就是力量"。此后,一提到"知识就是力量",人们马上会说:这是弗兰西斯·培根首先提出的。果真如此吗?其实,早在一千多年前,我国东汉著名哲学家王充即有相同的言论。

王充(27年—约97年)在《论衡·效力》中明确提出了"知为力",即"知识就是力量"的思想。他说:"人有知学,则有力矣。"又说:"萧何以知为力。"他认为,"人生莫不有力",而"力"可分为两大类:一为"筋骨之力",即体力,诸如壮士"举重拔坚"之力,农夫"垦草殖谷"之力,工匠"构架斫削"之力,士卒"勇猛攻战"之力,等等;一为"仁义之力",即知力,诸如儒生"博达疏通"之力,佐史"治书定簿"之力,贤儒"论道议政"之力,等等。在这里,王充不仅提出了"知为力"的命题,而且还明确地把"力"区分为体力和知力,主张知力与体力相结合,只有这样,才能取得成功。他说:"文力之人,助有力之将,乃能以力为功。"

在王充看来,是否具有"识知"是区别人与动物的根本标志。他说:"倮虫三百,人为之长。天地之性,人为贵,贵其识知也。"(《论衡·别通》)如果没有"识知"这个标志,则人"与三百倮虫何以异?"因此,他特别强调人的"识知",并以汉初开国大臣萧何、樊哙、郦食其三人的不同作用,具体说明了"知为力"的道理。"夫萧何安坐,樊、郦驰走,封不及驰走而先安坐者,萧何以知为力,而樊、郦以力为功也。萧何所以能使樊、郦者,以入秦收敛文书也。众将拾金,何独掇书,坐知秦之形势,是以能图其利害。众将驰走者,何驱之也。故叔孙通定仪,而高祖以尊;萧何造律,而汉室以宁。案仪律之功,重于野战。"(《效力》)萧何、樊哙、郦食其都是刘邦军中的宿将,当起义军攻克咸阳后,其他将领都争金觅帛,唯独萧何安坐掇书,研究秦国的

律令图书,从而"坐知秦之形势",然后帮助高祖制定正确的政策,使刘汉得以安宁。由此,王充指出:"仪律之功,重于野战。"他进而又从这些具体事实中得出一个普遍性的结论:"知夫筋骨之力,不如仁义之力。"相比之下,知力比体力更为重要。

这一思想的提出在当时可谓振聋发聩,即使在进入知识经济时代的当今,仍然具有现实意义。王充此一首创,实比培根早了一千五百多年!

【请你亮相】

1. 王充将"力"分为哪两类?他认为哪一种力量更重要?
_____
_____

2. 从资料中可以明白,刘汉王朝得以安宁,要归功于谁?主要原因是什么?
_____
_____

3. 生活中,只要你留心观察,一定会发现知识丰富又善于动脑筋的人做任何事总能轻松一点、胜人一筹,举些例子与大家共同交流交流。
_____
_____
_____
_____

第二章 求知若渴，虚心若愚

今日视点 JINRISHIDIAN

回顾乔布斯（Steve Jobs）一生，他除了创造出苹果产品，还常常到处演讲，勉励学生，勉励上班族，利用他语言的无形力量改变这世界。56岁的苹果公司CEO乔布斯在2005年美国斯坦福大学毕业典礼上送给毕业生的劝告是："求知若渴，虚心若愚。"（Stay hungry, stay foolish.）这求知与虚心的对象，与其说是白纸黑字，倒不如说是每天遇见的各种面孔；学会"读"人，每张脸都是好书的封面。他勉励学生带着傻气勇往直前，学习任何有趣的事物。

课前热身 KEQIANRESHEN

一位年轻人问苏格拉底："怎样才能得到知识？"

苏格拉底将这个年轻人扔到海里，海水淹没了年轻人，他奋力挣扎才将头伸出水面。苏格拉底问："现在你在水里最大的愿望是什么？"

年轻人迫不及待地回答："空气，当然是呼吸新鲜空气！"

苏格拉底说："对！学习的诀窍就在于使上这股子劲儿。"

【请你亮相】

你怎样理解苏格拉底的这句话？

创新剧场 CHUANGXINJUCHANG

林荣利：乐于求知的进取者

十年前，他是一名普通的高中任课教师，如今他是专于策略管理、财务策划及专业培训的理财规划师，且应邀为海内外企业、全国各大高校讲授理财策划课程，并在香港创立高宏专业顾问公司及高宏旅游公司。

五年前，他是一名初涉商海的创业者，如今他是台湾大学香港校友会理事兼秘书长，为服务校友、服务社会贡献着自己的一份力量。

两年前，他是一名身体欠佳的亚健康人士，如今他是精通足部按摩保健的专业人士，他把健康带给了自己，也传递给了他人。

他就是高宏学游有限公司董事总经理、高信理财保险顾问有限公司联席董事、俊励顾问有限公司财务策划顾问、工商管理博士、教育管理硕士、中国市场理学士、香港注册财务策划师讲师林荣利先生。或许他的事业并不显赫，成就亦非卓越，然而在人生的漫漫历程中，他始终乐于求知，甘于奉献，不断地进取，不断地进步。

滴水藏海 DISHUICANGHAI

如何培养求知若渴的头脑

求知若渴的头脑是独特的。它并不是与生俱来的，你要积极地思考，通过努力锻炼去获取这样的头脑。一个求知若渴的头脑具有以下特征：

1. **饥渴**。求知若渴的头脑总是欲求不满的。它永不会累，也永不会饱，在学习的每个过程，它都充满干劲。它热衷于寻找新知，特别是以前从未考虑过的。它游走于它所知和它所能做的边缘，尝试把自己推向更远的未来。

2. 包容。一个求知若渴的头脑能够包容新的观点。当然它也能自己产生观点,但它允许其他人有自己的观点,有他们自己对事物的看法。一个求知若渴的头脑在作选择之前会考虑到每种可能性。它对不同的观点是包容的,但绝不会让其他观点左右自己。

3. 平衡。一个求知若渴的头脑会试着使它周围的事物达到平衡。它拥有兴趣爱好,能够专注于它们,但同时也不会忽略其他重要的事情;它沉着冷静,凡事三思而后行,但不乏敏锐;它广纳箴言却有自己的主见;它能作出理智而合乎逻辑的决定,但它同时也富有同情心,具有创造性。

那么,我们如何才能培养求知若渴的头脑呢?

1. 阅读。要培养求知若渴的头脑最重要的一件事就是阅读。阅读的对象不只是书籍,也可以是博客、网站、维基百科、电子书、杂志、报纸等。实际上,阅读非常重要。针对阅读,对同学们有以下建议:

(1)多样化。试着读些能够增加你通识的书,而不只是在你通常感兴趣的领域中一直读。你能想象你没吃过巧克力吗?那将是很大的遗憾。知识是无止尽的,只在一个领域徘徊并没多大意义。

(2)持之以恒。找对方向并坚持是可以有成就的。胡适在1929年的一次演讲中谈及读书,他对学生说,每天花1个小时看10页有用的书,每年可看3600多页书,30年读11万页书。诸位,11万页书足可以使你成为一个学者了。可是,每天看3种小报也得费你1个小时的工夫;四圈麻将又得费你1个小时的光阴。看小报呢?还是打麻将呢?还是努力做一个学者呢?

(3)好记性不如烂笔头。实际上我们往往不是很喜欢承认一点,就是我们总是会忘记我们读过的大多数东西。记点读书笔记确实能够帮你记住一些你花了好几个小时去看的东西。不一定要是整章的总结,有时候一些引用或是段落节选,一些让你耳目一新的事实,或者一个有趣的情节,再或者一个你喜欢的人物,只要你觉得受用,觉得能提醒你,你都可以记下来。

2. 结识朋友。去结识那些和你不一样的人,了解他们的生活背景,他们的观点和态度。但是如果他们不喜欢被打扰的话,那你就先安静点,但大多数情况下,人们都是乐于交谈、乐于争论的。但不要忽视了文化差异,利用这种文化差异使你开阔眼界。我们信奉的很多东西都是我们从小被社会或教育灌输的。所以直到现在我们没有办法使自己的视野开阔起来。和不同的人交流可以使你的一些定势的观念完全颠覆,能收到"与君一席话,胜读十年书"的效果,这是相当不错的方法。

3. 沉思。有时候,我们的大脑会因不断思考而变得疲惫。你可以清除其中的一些冗余的东西,使得你的大脑变得平稳有序。沉思分很多种,而且和普遍的观点不同的是,沉思并不是要清空所有杂念,而是当你的思想偏离正确轨道时,能够使它及时纠正过来。不断练习沉思的话,它就能使你的大脑更加沉着、冷静、专注。

4. 睡眠。从某种程度上说,你的头脑就像你的身体一样。你在早上要将它唤醒,给它营养,让它成长,而且你还要让它休息。奥运会的运动员拥有世界上最健康的身体,但就算是他们也不会把所有时间花在训练上。他们需要时间使自己的身体恢复状态,经常休息。你的大脑的工作原理也是相同的。睡觉或是小憩都能使你恢复活力,头脑敏捷。睡眠十分有助于提高你的记忆力。

我们来学校是为了使我们的头脑变得更成熟,这再明显不过了。有两种方法都可以实现这个目的,其中一种是被动地接受知识,别人说什么就是什么;另一种则是培养一个善于思考的头脑,积极地去寻求知识,锻炼品格和丰富想象力。显然,后一种方法更有利于我们的成长。

求知十大秘诀

① 序:由浅入深,循序渐进。
② 勤:业精于勤,而荒于嬉。
③ 恒:持之以恒,锲而不舍。
④ 博:从精出发,博览群书。
⑤ 问:不耻下问,多学多问。
⑥ 记:多动笔墨,多做笔记。

⑦ 习:温故知新,时习时新。
⑧ 专:专心致志,专一广博。
⑨ 思:善于思考,学以致用。
⑩ 创:触类旁通,敢创新路。

如饥似渴的富兰克林

富兰克林出生在美国波士顿,家里生活贫穷,但他父亲在他很小的时候就开始教他认字了。富兰克林是个好学的孩子,到五岁的时候,他已经能捧着书本看书了。

因为家境贫困,富兰克林只读了两年书就失学了。为了谋生,父亲不得不把他送到印刷厂去当学徒。他有了更多的机会看到新书。劳动之余,富兰克林还联系了好几个在书店当学徒的小伙伴,一有空就向他们借书读。有时为了按时还书,他只能通宵不睡,困了就用冷水洗洗脸再继续读。小伙伴都称他是"读书迷"。有一位书商看到富兰克林如此喜欢读书,就破例允许富兰克林借阅他藏书室的书。每天下班后,富兰克林匆匆赶到书商的家里借书,回到家里一边看书,一边啃面包,经常通宵达旦。

在富兰克林15岁的时候,印刷厂办了一份《新英格兰报》。这份报纸由富兰克林负责排字、校对、印刷和装订,哥哥詹姆士则担任主编。富兰克林早已开始尝试写作,他很想给这份报纸写文章,但又不想凭哥哥的关系发表。于是他就想了个办法,化名"赛伦思·杜古德"女士,经常向这份报纸投稿,哥哥感到这位"女士"的文章很不错,每篇文章都发表了。后来,哥哥詹姆士觉得这位"女士"很有才华,便写信约这位"赛伦思·杜古德"女士在公园见面,当然这封信几天后被退了回来,因为地址和人名都是富兰克林编造的。

富兰克林刻苦学习,获得了丰富的知识,为他以后的发明创造打下了良好的基础。他当了三十多年印刷工人,积累了丰富的实践经验和实验知识后,又转而进行科学研究。富兰克林冒着生命危险做的著名的"风筝实验"震惊了世界,他通过该实验揭开了雷电的秘密,并由此而发明了避雷针。

头脑风暴
TOUNAOFENGBAO

什么在妨碍你学习

一位企业家从 40 岁开始,每天拿出两小时练画。退休两年后,他办了第一场个人画展,实现了儿时做画家的心愿。

还有一位研究婚姻关系的专家,受邀出国演讲却苦于英文太差而未能赴约。45 岁那年,她下定决心要学好英文,每天利用等公交车、坐地铁的时间背单词,三年后已经可以流利对话了。

人们常说这个困难那个不行:生活琐事占用了精力,常常加班没有时间,或者是随着年纪增大记忆力下降……这些真的是阻碍学习的因素吗?还是根本原因在于,你已经彻底丧失了学习的动力和兴趣?

没有学习动力:学这个能加薪吗?

跟工作以后的人谈学习,最常被问到的话就是:学这个能加薪吗?对于考证有用吗?不是说这样思考的人就庸俗,毕竟外部的物质刺激也是学习动机的一种。但是,无数的动机之中,哪种动机的作用力更长久,能支撑学习走得更远?显然还是兴趣。

有很多人苦恼:我没有什么兴趣。此言差矣。生活中每一个细节都可以拿来做兴趣。有人喜欢做手工,天天飞针走线,一段时间后变成了十字绣高手,作品可以出售、参展。有人喜欢看小说,看得不过瘾就自己写,最终成为著名网络写手。还有人喜欢玩网络游戏,玩着玩着成了游戏开发商……或者,哪怕你只是喜欢捏泥人,捏得不好看,卖不出去,也参不了展,但能在工作闲暇博得一乐,也未尝不可。

说白了,最好的学习状态就是"我乐意,我享受",而不是总想着"学到的东西可以赚取什么"。

目标不明确：很多都想学，不知道学什么。

哲学家布里丹养了一头小毛驴。某天，这头小毛驴站在两堆一样的干草之间，犹豫了很久也不知道到底要吃哪一堆，最后在无所适从中活活饿死。这种因为选择自由而带来的左右为难的困境，就被称为"布里丹毛驴效应"。

离开校园后，学习不再是老师的作业、家长的要求，我们有了更多自主选择的权利，但是也因此增添了焦虑心理。对于这种情况，建议学习者做两种准备：一个是长久的学习计划，选择一个要坚持一辈子的学习方向，最好是从兴趣出发的；另一个则是短期的学习计划，比如近阶段对某个事物特别感兴趣，或者因工作需要必须学的，可以作为短期冲刺学习的目标。

无法坚持到底：计划100次，行动却为0。

在如今这个信息更替迅速的时代，如果说大家都忽略学习的重要性，那真的是冤枉人了。几乎职场中的每个人都知道，必须充电才能生存。但是，绝大多数想要学习的人都抱有这样的疑问：为什么我总是无法完成自己的学习计划？这恐怕不是一个简单的"懒惰"就能解释的。

其实原因可以从两方面来看：

第一就是不懂延迟享受，总是想"今天先玩会儿，明天再学习"。心理学中著名的糖果实验就是针对延迟享受的，心理学家给孩子分发糖果，要求是：如果马上吃，那么只能吃一块；如果 10 分钟后吃，那么可以吃两块。观察发现，有的孩子抵制不住诱惑，马上就吃，而有的孩子则能为了长远利益忍受暂时的痛苦。心理学家又对这些孩子做了跟踪调查，发现 20 年后，那些懂得延迟享受的孩子成就更高。学习对延迟享受能力是一种考验。曾有位成功人士这样分享他的学习经验：每次学到厌倦想要玩游戏的时候，我就对自己说："再学 5 分钟，5 分钟后我就可以玩游戏。"其实，当你再次投入到学习状态，就不会再记得游戏这回事了。最重要的是，在你完成了学习计划，甚至是超额完成以后，你从游戏中得到的快乐就会加倍。

另外，导致多次计划却从无行动的原因还有一个，那就是习得无助。有些人喜欢给自己制订苛刻的计划，要求过严就会加重心理压力，减少了行动的乐趣。而一旦完成不了，就会打击自己的信心，觉得下次肯定也做不来。于是，连续几次之后连列计划的兴趣都没有了。如果你也是因此而阻碍了学习，那么建议你给自己列个容易完成的计划，加强信心之后再做调整。

缺乏求知欲：周围也没什么新鲜事。

一般说来，抱着这样想法的人，对生活和工作也很难兴致勃勃。说白了，让他们感到缺乏兴趣的事情可不止学习一件。他们厌倦现有的生活状态，但又不知如何改变，也缺乏改变的勇气。这种心态表现在学习上就是：我不想了解新事物，因为新鲜知识会冲击已有的生活。

要想重拾学习热情，找到被淹没已久的好奇心，最有效的做法是从小事做起。比如改变一下办公桌的布置，让原本凌乱的摆设更有序一些；如果租房住，可以考虑搬家，换个新环境，或者是拿出一整天的时间收拾住处，把塞在不知哪个角落的旧物翻出来……这些都会增加你对生活的探求心，让你感受到改变的乐趣。而且如果经常这么做，你就不会害怕改变，对学习的兴趣也会增加。

不会管理时间：时刻处于混乱焦躁之中。

"时间是永远不会结束的挑战。"百达翡丽全球副总裁 Thierry Stern 的这句名言对所有学习者都有意义。上帝给人们每天 24 小时，所有人都一样。第一个 8 小时大家都在工作，第二个 8 小时大家都在睡觉。人与人的区别就是第三个 8 小时创造出来的。如果你每天花 3 个小时上下班，2 个小时吃早中晚饭,1个小时看电视,那么,剩下可供自由支配的时间就只有2小时了。但是,如果你能从交通、睡觉、吃饭里分别省出一些时间花在学习上,你的学习进步将是惊人的。那么,如何"挖"出这些零散时间?如何分配它们以提高学习效率?同学们可以参考以下几点:

1. 一日之计不在晨,在于前一天晚上。也就是说,每天睡觉前要列好明天的工作、学习计划。

2. 把任务分块,不要让自己感觉一整天会被一件事情压死。

3. 先完成最难的任务。比如背英语和读古文同是今天的学习任务,前者对你更难些,那么就先完成前者。这样会减轻心理压力,后面的任务更容易完成。

4. 做每件事之前预留5分钟准备。正所谓,磨刀不误砍柴工。有了准备时间,做起来会更顺手。

5. 善于利用零碎时间,比如坐车、开会前5分钟、等朋友来赴约时,都可以用来学习。

【请你亮相】

1. 妨碍学习的因素有哪些?怎样成功避免这些因素的干扰?

_____
_____
_____

2. 读一读下面这首诗,说一说,从诗中你了解了哪些获取知识的方法和途径?

冬夜读书示子聿

〔宋〕陆 游

古人学问无遗力,少壮工夫老始成。
纸上得来终觉浅,绝知此事要躬行。

第三章 自学成就未来

今日视点
JINRISHIDIAN

谈到自学,同学们自然会想到爱迪生、高尔基、法拉第、华罗庚、瓦特、莱特兄弟、列宁、林肯等伟大人物的名字,同时不禁要问,为什么许多硕士、博士一生业绩平平,而这些没上过几天学的人反倒成就卓著?奥秘就在于这些成功者善于自学,善于钻研。由此我们可以得出这样的结论:秋千要自己会荡,才能荡得高,荡得好;治学要会自学,才能有超越,出成就。

课前热身
KEQIANRESHEN

人人都需要学会自学

从广泛意义上讲,任何人要想有所作为、有所建树,都离不开自学。且不说没有进过正规大学校门的人需要自学,就是高等院校培养出来的学生也同样需要自学。一位大学校长曾对他的毕业生说:大学毕业好比一碗净面,放上一勺炸酱便是炸酱面,放上几块排骨便是排骨面,放上几片肥肉便是大肉面。由谁来放这些东西呢?毕业后当然主要靠自己在实践中不断自学。一个人在大学里所学到的知识,对于一生所应学习的知识来说犹如九牛一毛。大学生在校所学的多是基础理论知识,更多的应用科学、实用技术需要走上社会后根据需要通过自学来补充、完善。大学生在校学到的与其说是知识,不如说是自学的能力。

如果把知识比作金子的话,那么,自学能力便是点金术;如果把知识比作鱼的话,那么,自学能力便是捕鱼的本领。随着社会的发展,人类知识的总量在不断增加。在知识激增、竞争加剧、科学技术日新月异的今天,人们要适应不断发展变化的新生活,唯一的途径就是自学。因此,联合国教科文组织在关于生存的主题报告中警呼:"未来的文盲,不是不识字的人,而是不会学习的人。"

不仅没有上过大学的人要获得学术上的成功需要自学,即使是大学毕业生,甚至硕士、博士,要有所成就,有所发明,有所创造,也必须不断自学,善于自学,善于钻研。学习能力是通向知识经济时代的护照。知识经济时代,人的素质主要表现为驾驭知识和信息进行创造性劳动的能力。因此,全民化和终身化成为教育发展的两大趋势。接受终身教育有两种途径:一种是接受继续教育,另一种是自学。其中,自学是最重要的途径。

【请你亮相】

1. 在学校里获得知识很重要,但更重要的是什么?

_____

_____

2. 有了点金术就可以随时获得金子,有了捕鱼的本领就可以源源不断地得到鱼,由此可知,要想在将来的生活、工作中有很强的竞争力,就应该学会什么?试举一二例谈谈自己的感受。

_____

_____

_____

_____

自学成才的技术精英

丁平,扬州邮政局设备维护中心职工,2005—2007 年度扬州邮政局先进工作者;2006—2008 年,先后被评为扬州市、江苏省和全国"知识型职工";2009 年,被扬州市团市委授予"扬州市新长征突击手"称号。

1993年进入邮政局工作时还是一名中专生的丁平,通过自学,已成功取得了南京大学电子与通信工程硕士学位,成为一名高材生。

不仅学历高了,在工作领域,丁平同样成为一名不可多得的技术精英。

2004年,丁平作为全国电子汇兑工程建设的主要成员参加了工程建设。其间,他利用所学的知识大胆提出了网店设备综合利用实现支局业务一体化的设想,即在同一台主机上实现双系统(邮储系统、邮政营业系统)的安装,在一台主机的单张网卡和BD通信卡上配置多个IP地址,不仅能节约设备投资,而且可解决两网(邮储网、邮政综合网)线路复用的难题。此项成果在扬州全区173个网点投入应用,按每个网点更新电子化设备满足系统要求需3万元计算,173个网点就可节约519万元,这还不包括节约的人工工资和场地使用的费用。

随着科技日新月异,软件升级越来越频繁,而网点设备过于陈旧给技术人员造成了不小的压力。要解决这一问题,必须实现网点接入服务器的集中及电子汇兑系统前台服务器的集中。2005年,丁平通过自学MySQL数据库的配置,对电子汇兑服务器进行了数据库优化,完成了对数据库配置的修改,在全省邮政率先实现了电子汇兑服务器的集中,降低了对网点微机配置的要求。2006年,他参与了邮储与电子汇兑系统两网互通工程,在解决国内汇兑与国际汇兑并存于一台微机的问题上为省公司提出了有用的见解,受到省公司工程组的一致好评,在两网互通工程中做出了积极贡献。2007年他带领的技术团队完成了ATM监控语音告警软件的编制工作,实现了ATM监控的语音化、智能化告警。同时,他参与的电子汇兑前台应用上收工程,成功解决了电子汇兑密码键盘与邮储通用的问题。在邮储前台应用系统上收工作中,他还解决了不同终端在邮储系统前台中的统一配置问题。2008年丁平与设备维护中心的同事们一起,通过自学、参加培训等形式学习了UNIX、Linux Shell等编程技术,进一步提升了扬州邮政局科技项目开发的整体水平。

作为扬州邮政局的一名技术骨干,丁平同志用他勤于思考、刻苦钻研、把理论有效运用于实践的精神默默地奉献着,为扬州邮政攻破了一个又一个技术难题。

滴水藏海

自学是获取知识的重要途径，也是创造力的源泉

　　一个人即使没有上过大学，但如果他有自学的习惯和自学的能力，那么，他将来在工作上的成就绝不会比大学毕业生差。相反，一个人即使读过大学，甚至留过洋，拜过名师，但如果他没有学会自学，没有自己刻苦钻研的习惯，那么，他便只会在老师所划定的圈子里转来转去，知识领域难以扩大，更不要说在科学研究上有所发明、有所创造了。这是因为，任何发明创造都是搞人家没有搞过的东西，走人家没有走过的路。谁能告诉你走哪条路呢？只有自己去摸索，去学习，去不断更新知识。一个人要有所建树离不开自学，自学也的确使众多人获得了成功。古今中外的思想家、科学家、文学家、政治家、军事家，没有经过或很少经过正规学校训练，主要通过自学而取得卓越成就的，简直难以统计。

　　我国最著名的数学家华罗庚，出身于江苏金坛县一个贫苦家庭，小时候书念得并不十分好，邻居们讥笑他是"罗呆子"。因为家庭生活困难，他没能念完中学就回家帮助父亲操持生计，后来还生了一场大病，残了腿。但他发愤刻苦自学，后来得到了数学界老前辈熊庆来先生的器重，推荐他进了清华大学当校工。他通过勤奋攻读，考取官费留学，到英国著名的剑桥大学深造，最后终于获得了成功。世界发明大王爱迪生，生来身子骨单薄，8 岁才正式上学念书。读了 3 个月的书，因为学习成绩不好，被老师称作"糊涂虫"，从此辍学回家，由母亲教他读书识字。母亲发现他对物理、化学特别喜爱，就给他买来了《派克科学读本》。于是，爱迪生把书上讲的道理一条一条地搬下来亲手试验。他在自家的地下室开辟了一个小天地，既当仓库，又当实验室。实验越搞越多，而家里的日子过得窘迫，满足不了爱迪生做实验对钱的需要，于是爱迪生 12 岁就到火车上去卖报纸和糖果，同时，又天天去底特律图书馆看书，不断充实自己。21 岁时爱迪生便研制了二重发报机，并获得了"投票记录机"发明专利。22 岁时爱迪生同别人合伙创办了鲍普爱迪生公司，从此走上了发明创造之路，走上了一条成功之路,走上了光辉的人生之路。

19世纪自然科学三大发现之一——进化论的创始人达尔文,说自己所获得的任何有价值的知识都来自于自学。蒸汽机、火车、轮船、飞机,无一例外都是自学者发明的。

确定自学方向的原则

确定自学方向,实际是个优选法问题。方向对头,少走弯路,容易成功。确定自学方向,应该注意如下几条原则:

一是同步效应原则。即尽量做到专业选择与工作业务同步,奋斗目标与兴趣爱好同步,发展方向与社会需求同步。这样做容易使主观与客观相统一,产生共振。

二是优势积累原则。即根据社会的实际需要和自己的实际情况,确认自己的优势和长处,然后,重点发展自己的优势和长处。需要注意的是,你自己最擅长的未必就是你的优势,还要看社会现实和社会发展的实际需要。相对的高起点和优势积累,有利于短线成才。

三是"定向爆破"原则。即注意发现和选择能充分实现自我价值的"冷门",努力奋斗,争取几年内大见成效,多年后一鸣惊人。

四是量力而行原则。自学不怕起点低,但也不要好高骛远。应该着眼长远,立足当前。争取春有耕耘,秋有收获。硕果既可给你带来喜悦,鼓舞你的斗志,又往往会改变你的境遇,使你从泥泞的土道走上柏油马路。如果不考虑自己的实际能力而选择高难课题,结果往往是望着天上的星星,却掉进了地下的坑里。这就好像用一支蜡烛去烧一壶冷水,直到蜡炬成灰泪流尽也难以沸腾。

探寻自学中的规律

自学中要遵循"四性一创"的规律:

第一性:主动性。就是要充分发挥自己的主观能动作用,见缝插针,不用扬鞭自奋蹄。如果自学采取被动式态度,不实行自我约束,得过且过,学习计划就难以实现,马拉松计划就将成为"拉松"计划。因此,自学者时刻不要忘记主动二字。

第二性:艰苦性。如果把达到某一学识水平比作渡河的话,那么,在校生好比借助于舟楫,而自学者好比武装泅渡。自学者不仅没有专门的老师教导,而且每天还要拿出主要的精力去干与学习不相干的事,学习时间全靠自己去挤,有时甚至连一本合适的教材都搞不到。因此,有志于自学者,要有敢于吃苦的精神准备。

第三性:连续性。连续性不仅指所学内容要有连续性,而且在自学时间安排上也要有连续性。自学首先应该注意统筹规划,按照先易后难、由浅入深的原则安排学习内容。同时应该明白,建造知识宝塔是一项巨大而繁杂的工程,绝不是一蹴而就的事,凭三分钟热血,或者一曝十寒,是难有所成的。浅尝辄止或见异思迁也是自学之大忌。

第四性:目的性。就是学习要有明确的目的。这种目的一开始可能很单纯,目标也不太远大。随着学识水平的提高和学习成果的收获,目的将不断升华。这种目的性反过来又吸引人不断前进。

一创:自学者按照以上"四性"刻苦努力多年后,就将产生创造的冲动和创造的能力。这时应当注意由以前的以学为主转为以思为主,根据自己的特长和社会需要,找出脱颖而出的突破口,通过发现、发明、创造来实现自身价值。

善于利用一切有益于学习的条件

荀子在《劝学》中说:"假舆马者,非利足也,而致千里;假舟楫者,非能水也,而绝江河。君子生非异也,善假于物也。"自学也并非就是关起门来自己学,而应该充分利用一切有益于学习的条件。

第一,要学会利用图书馆。除了每座城市的中心设有图书馆以外,各大中专院校几乎都有图书馆。到图书馆去借书、看书十分便利。书籍、杂志、报纸、音像资料,图书馆里应有尽有。可以说,图书馆是一座知识的宝库,这里集中了全人类的科学文化遗产,这种遗产只有善于利用图书馆的人才能继承。

第二,要学会使用电脑。如今,有利于学习的电脑软件多如繁星,各种"信息高速公路"也已纷纷开通;另外,利用电脑检索、储存、提取资料,打字、改稿、计算,都十分方便快捷。这为我们学习和科研提供了无与伦比的方便条件。我们应该充分地利用这些条件。

第三,要向名家求教。荀子说,"学莫便乎近其人",所以"君子居必择乡,游必就士"。常言道:"听君一席话,胜读十年书。"自学者求教于名家,可以少走弯路,有利于短线成才。求教名家的途径很多,比如,倾听名家的学术报告,研读名家的文章,当然也可以当面请教。

第四,根据实际情况,参加社会助学班。这主要是对参加自学考试的非在校生而言的。20世纪80年代以来,我国为了多渠道地培养人才,相继在各省(市、自治区)实行自学考试制度。考试成绩单科累计,哪一科不及格下次还可以再考,宽进严出。必考科和自选科都达到一定数量时发给大学专科或本科文凭。此文凭国家承认,联合国教科文组织承认。以这种形式自学的人,可以有选择地参加社会助学辅导班。参加这种辅导班,信息灵通,少走弯路,还可以结识许多志同道合而性格各异的朋友。宋代文学家朱熹在《观书有感》中写到:"问渠哪得清如许,为有源头活水来。"自学便是学子永不枯竭的知识源泉。

【请你亮相】

1. 有益于学习的有利条件一定还有很多,你是如何运用的?

2. 选一个勤奋刻苦学习的名言作为自己的学习座右铭,铭刻于心,伴随终生,鞭策自己,你一定可以获得一个又一个成功。

第四章 细节决定成败

今日视点
JINRISHIDIAN

管理大师彼得·杜拉克说:"行之有效的创新在一开始可能并不起眼。"而这不起眼的细节,往往就会造就创新的灵感,从而能让一件简单的事物有一次超常规的突破,而这个突破很有可能让这个社会发生大的变革。牛顿从苹果落地这样一个小到不能再小的事件中发现万有引力的存在,而如今没有任何人可以否认这个定律给我们的社会所带来的巨大变革。杜拉克认为,创新不是那种浮夸的东西,它要做的只是某件具体的事,有时只是自己的一个简单的想法,就可以带来巨大的利益。

课前热身
KEQIANRESHEN

在日本东京,"夫妻店"随处可见,它们就像小小的虾子一样,生机盎然。它们的店主往往都有着自己极不平常的经营妙方。

有一家专卖手帕的"夫妻老店",由于超级市场的手帕品种多,花色新,他们竞争不赢,生意日趋清淡,眼看经营了几十年的老店就要关门了,他们在焦虑中度日如年。

一天丈夫坐在小店里漠然地注视着过往行人,面对那些穿着鲜艳的旅游者,忽然灵感飞来,他不禁忘乎所以地叫出来,把老伴吓了一跳,以为他急疯了,正要上前安慰,只听他念念有词地说……

……

这个点子果然灵验,销路大开。他们的夫妻店绝处逢生,财运亨通起来。

【请你亮相】

你能猜到他想到了什么主意吗？如果是你,你将采取什么办法呢?

_____

_____

_____

_____

把握细节　改变命运

在《三国演义》中好几次都叙述了周瑜、曹操和诸葛亮对风向的考虑。而周瑜的狂妄、过于自信,让他事先根本没有考虑到这个他认为很小的问题,直到最终才突然悟到所作决策的失误。即使是诸葛亮在七星坛上借东风之际,周瑜仍然是半信半疑:"隆冬之际,怎得东南风乎?"在这个问题上,周瑜的无知跃然纸上。

再来看看曹操是怎样考虑的。在庞统献连环计之后,程昱提到提防东吴用火攻,曹操却说:"凡用火攻,必借风力。方今隆冬之际,但有西风北风,安有东风南风?"可见曹操还是想得比较周到的,考虑到了战船连锁的弊端。然而,在东吴火攻之日,东南风起,他又说:"冬至一阳生,来复之时,安得无东南风?何足为怪!"这些只是正常的小细节,诸葛亮正是充分地利用了这一难逢的时机,火烧赤壁,造就了三足鼎立的局面。

冬季无东南风,是常识。周瑜连这基本常识都没有事先考虑到,显示了他的无知,以致醒悟之时大吐鲜血,看来他后来被诸葛亮连气三次而死也在情理之中了。冬至之时,东南风和西北风交汇,不定什么时候东南风压倒西北风,这是必然中的偶然事件。在日常生活中这算是最普通的细节了,但是在赤壁之战中,它演变成了赤壁之战的首要条件。在这既定的历史时刻,刮东南风是细节,但它是决定历史变革的细节。把这细节推上了赤壁之战辉煌地位的是诸葛亮,即使是作为最弱的一方,诸葛亮也能从始至终把握全局。在这场战争中,正是由于诸葛亮有着抓住细节的思维,于是他有所创新,打破了弱不可能赢强的定律。

对于一个国家、一个朝代而言,风向这样一个小细节就决定着它们的兴亡。由此可知,细节决定成败,创新成就未来。一个人、一个团队、一个企业、一个民族、一个国家,如果缺乏创新的意识和能力,终有被淘汰的一天。创新不一定是"以大为美",但却绝不能掉以轻心。对于日常生活、学习、管理中既不相同却又相互关联的每一个细节,应该抓住其中关联相通的细节,只有这样的细节改变,才能为我们带来巨大的收益。

海带与味精

海带既是一道好菜,又是一味良药,对甲状腺肿(即大脖子病)有较好的疗效。而味精则是人们在煮菜时所用的一种调味品。一个来自海边,一个出自工厂,两者看来有点风马牛不相及,何以扯为一谈?说来也怪,它们之间还有一段不可分割的亲缘史呢!

某一天,日本一名叫池田菊苗的化学教授,在回家吃菜喝汤时不觉一怔,连忙问妻子:"今天这碗汤怎么这样鲜美?"接着用勺在碗里搅动了几下,只发现汤里除了几片黄瓜以外,还有一点海带。他以科学家特有的机敏和兴趣,对海带进行了详细化学分析。经过半年时间的研究,他发现海带中含有一种物质——谷氨酸钠,并给它取了一个雅致的名字——味精。后来他又进一步发明了以小麦、脱脂大豆为原料提取谷氨酸钠的办法,为味精的工厂化生产开拓了广阔的前景。

【分析】有一句耳熟能详的话,叫"魔鬼存在于细节之中"。为什么细节会成为魔鬼的栖身之地呢?因为人们在工作和生活当中,经常会忽略了细节的存在,从而让魔鬼有机可乘。有时忽略了细节的存在,就不仅仅是让你停滞不前了,甚至可以让你倒退很多。池田菊苗就是注重细节,才发明了味精的生产方法。其实,"创新变革"这个非常时髦的字眼又何尝不是存在于细节之中?在一些人的错误观念里,创新变革始于宏伟的目标,终于备受瞩目的结果,他们往往没有意识到充耳不闻的细节反而成了制约创新变革的"魔鬼"。因此,我们必须意识到细节是创新之源,是重要的基础,要想获得创新,就必须要明白"海不择细流方成其大,山不拒抔土方成其高"的道理。

智慧宝盒
ZHIHUIBAOHE

每天一新　成就美好生活

虽然每一个细节看上去都很小,但是这儿一个小变化,那儿一个小改进,则可以创造出完全不同的结果。我们都知道量变会导致质变,那么如果我们把细节的小变化比作一种量变,这种量变经过了积累,就自然会达成大的变革和创新,也就是产生了所谓的质变。而这种量变却是异常简单的,它不需要像人类发展那么复杂,要经历几千万年才可以形成,而是让人一看就懂:原来是这样,我怎么没有想到? 老子早就说过:"天下难事,必做于易;天下大事,必作于细。"企业如此,国家亦如是。而细节对于个人的创新变革来说,更是如此。

我们都知道,我们可能每天都在重复地做着相同的工作,过着相同的日子,但人的生活必然是原创的,因为今日之我,已非昨日之我。比如,我们现在可以做儿时的游戏,但无论如何也体验不出儿时的那种快乐的感觉了。这就是说,无论你是单调、无聊地过着重复的日子,还是充满激情地去变革,过着创新的日子,时间都会在你的人生轨道上留下痕迹,只不过其结果不同罢了。我们都在创造自己的生活,那种以创新的精神进行生活的人,就有可能创造出令自己或者令世人为之骄傲的成就;而那种一味单调地重复地过日子的人,可能只是在单纯地累积自己日后才能感觉到的遗憾和悔恨。

一位母亲教女儿如何烧羊腿。她向女儿讲明了要用哪些调料,诸如大蒜、香菜等,然后她拿出烤盘把羊腿放在台端开始切,可是要切开并不容易。

女儿问:"妈妈,为什么你要把羊腿切开?"

母亲停了下来,看看羊腿,看着女儿的眼睛说:"说实话,我也不知道。你外婆就是这样教我的。"

女儿说:"我们给外婆打个电话。"

很快,外婆的电话接通了。

女儿说:"外婆,妈妈正在教我怎样烧羊腿,而我有个问题:为什么要将羊腿切开?"

外婆大笑道:"喔,因为我们原来用的烤盘不够大!"在母亲的意识中,一直认为羊腿非切开烤不可。

从这个小故事中,我们看出这个女儿正是从一个小小的细节中发现了母亲这么多年来的错误做法。虽然说这个故事到最后并没有产生什么明显的变革,但是也许通过这次经历,母亲和女儿都会明白其实做事时很多细节并不一定要照搬过去的经验,可以有自己的创新,有自己的变革。那么也许在不久的某天,她们就能通过这个经历,让自己的生活发生翻天覆地的变化呢。

"苟日新,日日新,又日新。"(见《礼记·大学》)大意是:如果能每天除旧更新,就要天天除旧更新,不间断地更新又更新。据说这是商朝的建立者汤刻在浴具上的铭文,旨在激励自己不断创新,每天都有所作为。古代人都有了这样一种境界和人生态度,那么现在的我们呢?我们应该学会在人生的单调与重复中,在人生的每一个细节和每一件小事中进行创新,不断地保持生命活力。我们必须记住:完美不是一个小细节,但注重细节却可以成就完美,可以成就我们未来的辉煌。

头脑风暴
TOUNAOFENGBAO

【历史回顾】

中日甲午海战前,东京湾防卫司令官东乡平八郎应邀上中国"定远"舰参观。当时,中国的军舰在吨位、数量等很多指标上都胜于日本。甲午海战前,中国位列世界第七大海军强国,北洋水师号称"东方无敌舰队";而日本海军则极为勉强地位居第12位。这给人们一种印象,以为中日海战,中方必胜无疑。可是当见到中国军舰的炮塔上居然横七竖八地晾着短裤、袜子时,东乡平八郎就对同僚说:"其藐视武装若此,终不堪一击也!"果然,海战一开,中方惨败,北洋水师全军覆没,先进的军舰也都成了日军的战利品。

电影《甲午风云》(1962年)剧照,影片真实再现了百余年前那场悲壮海战。

【请你亮相】
请你分析一下北洋水师结局为什么这么惨?

_____
_____
_____
_____

敢于怀疑

Part 2

　　面对权威或者经验,你是接受事实,一味盲从,还是冷静地站在一旁,以怀疑的眼光审视?

　　一个善于创新的人一定是一个敢于怀疑的人,因为只有怀疑,才能开启智慧、挑战智慧;只有怀疑,才能为创新提供可能,才有机会抵达创新的内核。

第一章 克服习惯心理，培养怀疑意识

今日视点
JINRISHIDIAN

巴尔扎克有句名言："问号是开辟一切科学的钥匙。"

发明创造始于问题。问题就是矛盾，有了需要解决的问题，才需要思考，学习才有主动性。思维是由矛盾引起的，问题是矛盾的表现形式。学习中提不出问题，是学习不深入的表现；能提出问题是肯于动脑的结果。现实生活中许多现象人们熟视无睹，而有人却善于观察，问几个为什么，从而发现问题，有所创造。苹果落地，谁也不在意，牛顿却从中发现了万有引力；水开了锅盖被顶起，大家司空见惯，瓦特却因此发明了蒸汽机；商品大家每天都接触，只有马克思把它作为问题研究，揭示了资本主义剩余价值规律。处处留心皆学问，凡事能问个为什么，就能有所发现，有所创造。问题意识要求同学们在日常生活和学习中，遇事都要问个为什么，不放过任何疑点，养成爱琢磨、爱钻研、勤学好问的习惯。怀疑意识和问题意识有相通之处，但怀疑意识更强调对权威的挑战，对书本、对老师、对标准答案的不盲从。有些同学奉书本为神明，不敢越雷池半步，或者把老师的话当圣旨，即使有问题也不敢怀疑。这些都是阻碍同学们创新的壁障。

朱熹说得好，"读书，始读，未知有疑；其次则渐渐有疑；中则节节是疑。过了这一番，疑渐渐解，以至融会贯通，都无所疑，方始是学。"怀疑不仅是辨伪去妄的钥匙，也是创立新学说、启迪新思维的重要手段。可见怀疑意识对学习和创新多么重要。

课前热身
KEQIANRESHEN

【脑筋急转弯】

1. 书店买不到的书是什么书?
2. 要使冰马上变成水,要怎么做才最好?
3. 什么表一天慢24个小时?
4. 某班考试后,竟然出现了两份完全一样的答卷,可能吗?
5. 明知道是假的,人们还心甘情愿去买,这东西是什么?
6. 看书看得津津有味时,最怕发生什么事?

【答案】

1. 秘书。
2. 去掉两点水的偏旁。
3. 停着不走的表。
4. 可能。这是两份白卷。
5. 假发。
6. 接下来的部分被撕掉了。

【分析】

在思考以上的脑筋急转弯题时需要大家克服习惯心理,否则把习惯思考的想遍了估计也想不出正确答案。

你知道老师站在讲台上,最大的得意是什么?是发现自己讲的一切,学生全都信以为真。你知道老师站在讲台上,最大的恐惧是什么?还是发现自己讲的一切,学生全都信以为真。

耐人寻味的是,奇迹不是我们目睹的,奇迹全是我们听说的。再进一步,都说"眼见为实,耳听为虚",其实有时眼见也不一定为实,你亲眼看见那些魔术师在你眼前搞鬼,可是你就是不解其中奥妙,真着急。

敢于怀疑 02

创新剧场
CHUANGXINJUCHANG

洗澡，是一件非常普通的日常小事，人们习以为常，都觉得司空见惯，不值一提，而恰恰就在这人人都十分熟悉的生活现象中，大科学家阿基米德却获得了一个重大的科学发现——浮力定律；同样，另一位科学家谢皮罗教授也从中发现玄机——水流漩涡的方向性规律。

古希腊著名物理学家、数学家阿基米德，博学多才、智慧超群，他曾用自己取得的发明创造成果，为自己的祖国做出了许多杰出的贡献。有一次，国王命工匠做了一只纯金王冠，完工后，国王觉得有些不放心，他怀疑工匠以偷梁换柱、鱼目混珠的手段，把其他金属掺杂其中，可是，他又找不到令人信服的证据。怎样才能在不破坏王冠的前提下，找到确凿的证据？国王就把这个难题交给了阿基米德。按照人们的常规思维，先是计算出王冠的体积，然后用重量除以体积，得出王冠的比重，再与纯金的比重相对照，如果比重相同，则证明王冠中没有掺假；如果比重不同，则证明王冠中一定掺了假。但问题就是：如何计算王冠的体积呢？这王冠造型别致、气势不凡，其形状极不规则，如果用普通几何学那种量出尺寸再计算的方法，就很容易出现误差，难以算准，而一旦算错，就没有说服力，无法令人心服口服。阿基米德也被难住了，他朝思暮想，一时想不出好方法。一天，阿基米德去洗澡，他刚站进澡盆，就感觉到水在往上升，他在浴盆里躺下，水就立刻溢到盆外，与此同时，他感到身体在水中的重量似乎轻了许多。身体为什么会减轻呢？他恍然大悟——想出了检测王冠的好方法。阿基米德急忙从澡盆里跳出来，高兴得连衣服也忘了穿，一边跑一边大声高呼："我知道了！我知道了！"旁人莫名其妙，还以为他因过度劳累得了精神病。阿基米德顾不上这些，他立刻找来一个能刚好容纳王冠的水罐，灌满水之后，就向国王要了一块与工匠做王冠所用金块同等重量的纯金。检验开始了，阿基米德分别将王冠和纯金放入灌满水的水罐，结果发现，放王冠时溢出来的水要比放纯金块溢出的水多一些。这证明：王冠的体积比纯金的体积大。真伪立判，阿基米德立刻指出：王冠里掺了假，夹杂了比纯金比重小的其他金属。

精通物理学知识的阿基米德知道：纯金的比重在常见金属中是最大的，其他金属的比重都小于纯金。如果王冠中没有掺杂其他金属，那么，两者排水的体积应该是一样的；只有在王冠中掺杂了其他比重较小的金属后，王冠的体积才会增大。

洗澡时，身体感到变轻了，这是人人都有的体验。阿基米德之所以能够从人人都有的亲身体验中发现浮力定律，是因为他敢于质疑：身体为什么会变轻？其奥秘是什么？阿基米德正是从这一疑问开始探索，从平凡的现象中发现了不平凡的浮力定律：人体在水中占有一定的体积，其体积与所排出的水的体积相等，人体在水中所减轻的重量正是所排出的水的重量。这一浮力原理适用于任何液体。

敢于质疑是创新思维的开端，也是阿基米德成功的秘诀。阿基米德的创新思维方法妙就妙在，把形状不规则的王冠放入水中，让水这位无私的公正大师来做裁判：王冠的体积等于从容器中所排出的水的体积。这方法既简单又巧妙，令人口服心服。

美国科学家谢皮罗教授在洗澡时发现这么一个有趣的问题：每次放掉洗澡水时，水的漩涡总是向左旋转，也就是逆时针方向旋转。这是为什么呢？谢皮罗教授百思不得其解。但他紧紧抓住这个问题不放，为了弄清这一现象背后潜藏着的科学奥秘，谢皮罗教授开始了实验操作。他设计了一个底部有漏孔的碟形容器，先用塞子堵上，往容器中灌满水，然后重复演示这一水流现象。谢皮罗教授注意到，每当拔掉碟底的塞子时，容器中的水总是形成逆时针旋转的漩涡。这证明：放洗澡水时，漩涡朝左旋转并非偶然现象，而是一种有规律的自然现象。经过长期不懈的实验探索，谢皮罗教授终于揭开了水流漩涡左旋的秘密。他发表论文指出：水流的漩涡方向是一种物理现象，与地球自转有关，如果地球停止自转的话，拔掉澡盆的塞子，水流不会产生漩涡，由于人类生存的地球不停地自西向东旋转，而美国处于北半球，地球自转产生的方向力使得该地的洗澡水朝逆时针方向旋转。

谢皮罗教授还指出：北半球的台风都是逆时针方向旋转的，其原因与洗澡水的漩涡方向一样。他由此推断：如果在地球的南半球，情况则恰好相反，洗澡水将按顺时针方向形成漩涡，而在地球赤道则不会形成漩涡！谢皮罗教授的论文发表后，引起各国科学家的极大兴趣，他们纷纷在各地进行实验，结果证实：谢皮罗教授的结论完全正确！

谢皮罗教授之所以能够从人们司空见惯、习以为常的现象中取得惊人的发现，得益于他敢于对"洗澡水漩涡的方向性现象"提出质疑——"漩涡方向背后隐藏的规律是什么？"他从这一质疑开始，对人们常见的漩涡现象进行深入探索，并由此联想到地球的自转现象，联想到台风的旋转方向，通过实验作出了合乎逻辑的推理和论证，揭开了现象背后的奥秘。

谢皮罗教授从人们司空见惯的现象中发现其隐藏的科学奥秘的实例告诉人们，要取得创新成功，首先就要敢于质疑。

滴水藏海
DISHUICANGHAI

【小测试】下面的图形是什么？

测试图形一

有好事者搞了个别开生面的测试——用粉笔在黑板上画了一个圆圈，请被测试者回答这是什么。结果，当问到机关干部时，他们一个个面面相觑，都用求救的眼光看着在场的领导。领导沉默许久，说道："没经过研究，我怎么能随便回答你的问题呢？"当问到大学中文系学生时，他们哄堂大笑，拒绝回答这个只有傻瓜才回答的问题。当问到初中生时，一位尖子学生回答："是零"，一位差生喊道："是英文字母O"，他却遭到了班主任的批评。最后，当问到小学一年级的学生时，他们异常活跃地回答："句号"、"月亮"、"烧饼"、"乒乓球"、"老师生气时的眼睛"、"我家门上的猫眼"……事后，有人给这次测试起了个题目：人的想象力是怎样丧失的。

为什么人越长大想象力却越贫乏？要知道大人的知识比小孩多，其想象力应该比小孩更丰富才对。这其中原因固然很多，"标准答案"可能在此扮演了一个重要角色。曾有一位家长记述过这样一件事：他读一年级的儿子参加语文考试，有两道看图写话题。第一题，他儿子面对画面上正在给小树苗浇水的男孩写道："哥哥在种树"，结果被老师判为错，标准答案为

"哥哥在浇水"。第二题,他儿子面对画面上大片成熟的麦子和两个正在捉蝴蝶的小孩写道:"庄稼丰收了。"结果又是错,因为标准答案是"小朋友捉蝴蝶"。该家长认为,原则上讲,根据画面显示内容,儿子的答案都不能算错。可儿子却说:老师说,标准答案是唯一正确的答案,其他都算错。回想一下,一个人从小孩长成大人,不知要经历多少次考试,也不知要核对多少次标准答案,头脑也不知多少次被灌输"唯一正确"的观念,而现实的世界却是多样的,创造力的发挥更是需要大胆假设。也许正是对"标准答案"会受到奖赏的追求和对"其他答案"可能遭受惩罚的恐惧导致我们想象力的丧失。

有这样一个事例:孩子在出门上学时,中国的家长会嘱咐:"孩子,在校要听老师的话。"美国的家长会嘱咐:"孩子,多向老师提几个问题。"在课堂上,中国的学生为了装懂而不向老师提问,美国的学生为了装懂而故意向老师提问。这就是中美教育的差别。

相信我们每一个人都曾有无数的"为什么",那是我们与生俱来的对世界的好奇与迷惑。后来我们读书了,知识填充了我们的大脑,我们记住了许多问题的答案,却再也没有问题,问号变成了句号。我们眼中求索的火花已渐渐熄灭了。然而"学贵有疑,小疑则小进,大疑则大进",只有敢于怀疑,才能去推翻旧的,创造新的。假如罗巴切夫斯基不去怀疑,他也就不能创立非欧几何。假如彼尔不去怀疑,也就创立不了著名的量子力学理论。假如爱因斯坦不去怀疑,他也就创立不了相对论。如果我们不去怀疑,我们就会因循守旧、固步自封,我们今天的生活可能仍停留在原始生活状态,社会也将停止前进,更谈不上发展。可见,我们头脑中的怀疑精神是多么的宝贵。

对于同学们来说,要克服习惯心理,培养怀疑意识,应做到如下三点:

1. **积疑,勤问**。积疑,是指在学习时要养成收集、记录生活、学习过程中随时冒出来的疑问的习惯。勤问,就是要多问,首先是问自己,其次是问别人,要敢于不耻下问。心理研究表明,意识到问题的存在是思维的起点。问题意识不仅体现了个性思维的灵活性和深刻性,也反映了其独立性和创造性。

2. **能疑,善问**。能疑,是指要加强学习,具备一定的知识和智力水平,掌握一定的创造思维方法,从不同角度提出一些有价值的问题。善问,是指问也要注意一些方法和技巧。问人之前,自己先要细想,尽量做到有准备地问问题,否则,即使别人解释得很详尽,你也可能仍感到若明若暗,所得肤浅;问人之后,要认真研究对方的答案,想一想别人解决问题的理由和根据是什么,要充分重视别人解决问题的方法,探讨别人处理问题的途径,还要善于从比较中学习,把别人的想法和自己原来的想法进行一些比较,从而纠正自己的错误,发现问题的根由。

3. **敢疑,穷问**。敢疑,是要有坚持真理、挑战权威的勇气。不论是老师、书本,或是其他权威,只要自己有疑问,就要敢于怀疑,不要怕人笑话,不要怕挨骂。有了怀疑,再去求证,去向别人请教,也许会有所创新;即使证明自己错了,也会得到经验,获得进步。在求证的过程中,要敢于穷问,对自己要多问几个为什么;请教别人时,也要打破砂锅问到底。穷问,是思维深刻的表现,也是创新突破的重要一环。在问的过程中,甚至还可以开展争论,争论可以激发灵感,促进思考深入。法国有一句名言:"真理是从各种意见的冲突中得来的。"通过争论,发挥集体智慧,互相启发,相得益彰。

怀疑是推动社会向前发展的不绝动力。学习应充满怀疑精神,课堂不仅是知识传播的场所,更应弥漫着浓厚的疑问气息。

古代大思想家孟子曾说:"尽信书,则不如无书。"亚里士多德说过:"思维从疑问和惊奇开始,疑是思之源,思是智之本。"因此,有疑学习是探究的基础,是创新的第一步。

智慧宝盒
ZHIHUIBAOHE

【**案例1**】亚里士多德是古代欧洲一位威望极高的著名科学家。他曾经有一个非常著名的论断:物体的下落速度与它们的质量成正比,越重的物体下落速度越快。一个10磅重的铁球与一个1磅重的铁球,从同样的高度落下,10磅的铁球会先着地,而且速度比1磅的铁球快10倍。他还举例说,铁球的落地速度总是比鸟类的羽毛快,秋天的落叶总是缓缓飘落,而成熟的苹果却是迅速落地的。

基于亚里士多德的"权威论断"和生活中的部分事实,此后的两千多年间,几乎没有人怀疑过这个"真理"。终于有一天,一个勇敢的年轻人对此提出了质疑,这人就是伟大的伽利略,他心想:如果把100磅的球和1磅的球连在一起,让他们从高处落下,情况会怎样呢?

于是,伽利略就在比萨斜塔上做了那个著名的自由落体实验,实验证明:轻重不同的物体在相同的条件下会同时落地。

正是因为敢于质疑,伽利略才成为推翻亚里士多德"权威论断"的第一人,同时也成为物理学中自由落体定律的发现者。著名的比萨斜塔实验,使伽利略一举成为物理学发展史上一颗耀眼的明星。

【案例2】英国细菌学家弗莱明研究各种葡萄球菌的变种时,在实验桌上曾留置了一部分培养皿,以备不时检查,由于时时打开盖子,培养液不免为空气中的微生物所污染。

1928年的一天,弗莱明一边与同事谈话,一边观察培养皿中的细菌,忽然,弗莱明惊奇地叫了起来:"这真是件怪事……"原来他发现,在培养皿边沿生长了一堆霉菌,这霉菌周围的葡萄球菌不仅没有生长,而且离它较远的葡萄球菌也被它溶解,变成了一滴滴露水的样子。对于这个奇特的现象,弗莱明进行了仔细的研究,他终于发现这些培养液里含有一种化合物,于是便紧紧抓住不放,最后从中分离出一种能抑制细菌生长的抗生素——青霉素。弗莱明也因此获得1945年的诺贝尔医学生理学奖。

但是令人意想不到的是,日本科学家古在由直对这现象的发现,却早在弗莱明之前。然而,为什么古在由直却没有意识到这是一种新的抗生素而丧失了获得诺贝尔奖的机会呢?这是由于他们两人的思考方法不同。英国的弗莱明是有意识地把熟悉的事物看作是陌生的,克服了自己的习惯心理,不轻易地放过它,所以经过细致的观察,能发现葡萄球菌被污染的霉菌吞噬的现象,它不同于一般的污染,从而得到新的发现。而日本的古在由直却相反地把这种污染现象看作是一种普遍熟悉的现象,即认为这是由于被污染的霉菌迅速地繁衍,消耗了培养皿中的养分而导致葡萄球菌的消失。一念之差,失去的是科学界最高的荣誉和奖赏。

【分析】为了要创新,就必须对前人的想法加以怀疑,从前人的定论中提出自己的疑问,才能够发现前人的不足之处,才能够产生自己的新观点。如果对于自己所学的知识不加以怀疑,全盘接受,而提不出疑问,那么,我们实际并没有真正懂得这些知识,也不可能把这些知识运用到实践生活当中去。不加怀疑地全盘接受,最后只能变成一个书虫。

如果我们能够提出自己的疑问,提出自己的怀疑,就说明我们对这件事情有了自己独立的思考,这就是一种读书中的进步。有位科学家说:提出问题比解决问题更重要。我们首先要怀疑,才能够提出问题,在提出问题的基础上,才能够解决问题,才能够发现新的观念。

头脑风暴
TOUNAOFENGBAO

乔治热身练习

1. 在家里看喜剧时,你会不会大声笑出来?会不会跟在电影院里看喜剧一样频频大笑,而且笑得那么放肆?为什么?

2. 如果你穿43码的鞋,有一双鞋标的是42码,但是却很合脚,你会不会拒买这双鞋?为什么?

3. 你第一次抽烟或第一次喝酒,是独自一个人,还是跟其他人在一起?

4. 你有没有向医生请教过与医药无关的问题?为什么?

5. 你喜欢歌剧吗?为什么?

6. 如果政府拿走你财产的10%,你会大发雷霆吗?

7. 你的观念与信仰是否跟父母相同?为什么?

【评分】

乔治热身练习是一种打破"习以为常"心态的质疑练习,有助于认识日常习惯中的合理部分与不合理部分。得分越高,说明质疑能力越强。以下是乔治热身练习的评分方法。请同学们拿支笔来记分。

1. 在家里笑得跟电影院里一样大声,给两分;如果不是,得零分。

【分析】这是人类倾向于随波逐流的最佳例子。人们经常面对压力,同时,觉得待在人群里更舒服、更安全。电视喜剧配上哈哈大笑声,看的人听到别人在笑,自己才敢放声大笑。不过,这类行为对智力有麻醉作用,它会使人相信,无论正确与否,群体都值得遵循。让别人牵着鼻子走的人,最后终会完全停止独立的思考。

2. 不愿意买42码鞋,就不得分;如果愿意,就得两分。

【分析】许多人对自己缺乏信心,即使一件事显然是对的,还是很不自信。一位有着丰富经验的鞋店店员说:"很多人把某个尺寸认定为自己的尺寸,看到中意但不合自己既定尺寸的鞋子,并不情愿去试一下大一号或小一号的鞋子,只说声'鞋子不合脚',就走开了。鞋上的尺码离自己认定的尺寸愈远,买的几率就愈小。"

3. 第一次抽烟或喝酒时是一个人,得两分;在别人的陪伴之下,就不得分。因为宗教的理由而从未抽烟喝酒,不得分;如果有其他理由,得两分。

【分析】不论在青春期还是成人期,人都必须面对许多压力。早年养成向压力低头的习惯,成年后延用旧习的几率就很大。男人喜欢做出雄赳赳的举动,以免被他人,甚至是自己鄙视的人视为懦弱。

4. 请教医生非医药方面的问题,就不得分;如果没问,就得两分。你和医生本就相识,又在他办公室以外的地方提出问题,就得两分。

【分析】很多人都觉得,自己在智力上远远逊于拥有头衔的人士,特别是把那些头衔挂在墙上的人物。一般来说,教育程度较低的人比较崇拜拥有学位、文凭和证书的人。举例来说,水管工人对水管和焊接的认识,可能比家庭医生对病人身体的认知能力强,但你绝不会让水管工人进入你的房间,随意行走,你会跟前跟后地监督他的所有行动,而你却完全信任医生,根本不去怀疑他的能力。你可以察觉水管工的技术有高低之别,医生的医术又何尝没有优劣之分呢?

5. 你喜欢歌剧吗?从来没看过歌剧而答否,不得分;看过歌剧而答否,得两分;没看过歌剧而答是,不得分;看过歌剧而答是,得两分。

【分析】这个问题所要强调的是,人类对于不熟悉的事物所产生的厌恶,以及对未经挖掘的智力领域所产生的抗拒态度。歌剧本身是否伟大并不重要。喜欢它也好,不喜欢它也好,都没有关系,重要的是歌剧所象征的意义,它代表了不熟悉的事物。从另外一方面来说,以歌剧为例,如果你回答"是",却从来没有看过歌剧,那你极可能是装腔作态了,因为你可能认为歌剧是高水准的文化,自己倘若没有附和这一观点,就会显得粗俗。

6. 政府通知你,要拿走你私人财产的 10%,你的反应若是气得大吼大叫,不得分;如果没有,得两分。

【分析】这个问题所显示的是,你在智力上调适的程度。政府通过税务局,应当向你征收这么多税。你所赚到的钱,在变成衣服、家具、日用品、房子、汽车、珠宝、书籍等个人财产之前,必须先纳税。因此,你早就失掉了个人财产的 10%。生活在一个缴纳个人所得税时代的人,会慢慢地承认这一事实。

7. 你的信仰是否跟父母相同？从未怀疑或反省而答是的,不得分;如果不是这样,得两分。

【分析】这是教条主义的一个例子,教条主义指盲目地接受某些观念。信仰本身并非我们所要否定的对象,重要的是你是否毫无异议地承认它。

第二章 敢于怀疑权威，勇于探索创新

今日视点
JINRISHIDIAN

"怀疑一切"是马克思的座右铭。有一次马克思的二女儿劳拉问他，你的座右铭是什么，马克思毫不迟疑地回答是"怀疑一切"。正是由于具有敢于怀疑一切的勇气，马克思对正处于兴盛时期的资本主义社会提出有理有据的质疑，经过详实的调查研究，发现人类社会发展历史的崭新规律，建立了马克思主义的理论体系，指导人类社会的生存和发展。

敢于怀疑一切，这是创新的必要前提。假如你认为什么事情都是正确的，那么你不可能创新。什么都是对的，还有什么必要创新呢？马克思在创建马克思主义的时候，正是资本主义兴旺的时候，资本主义社会学家宣扬资本主义是美好永恒的社会制度，如果不是马克思对资本主义的社会制度抱有怀疑，他不可能花费毕生的精力和心血去研究资本主义必然灭亡、社会主义必然要在全世界走向胜利的理论。

因此，我们对所学习或研究的事物要有怀疑态度，不要认为被人验证过的都是真理。许多科学家对旧知识的扬弃，对谬误的否定，无不是自怀疑开始的。怀疑是内在的创造潜能，它激发人们去钻研，去探索。对课本我们不要总认为是专家教授们写的，不可能有误。专家教授们专业知识渊博精深，我们是应该认真地学习，但是，事物在不断地变化，有些知识现在适用，将来不一定适用。再说，现在的知识不一定没有缺陷和疏漏。老师不是万能的，任何老师所传授的专业知识不能说全部都是绝对准确的。对待我们所学习或研究的事物我们应做到：不要迷信任何权威，应大胆地怀疑。

 **课前热身** KEQIANRESHEN

真理是怀疑的影子

这是一个真实而又引人深思的故事。

一位法国教育心理学专家给法国的和中国上海的小学生先后出了下面这道测试题:一艘船上有86头牛,34只羊,问:这艘船的船长年纪有多大?

法国小学生的回答情况是:超过90%的同学提出了异议,认为这道测试题根本没法回答,甚至嘲笑老师的"糊涂"。显而易见,这些学生的回答是对的。上海小学生的回答情况则恰恰相反:有90%的同学认真地做出了答案:$86-34=52$(岁)。只有10%的同学认为此题非常荒谬,无法解答。做出正确答案的竟然只有10%!

这位法国教育心理学专家很惊讶,两国小学生为什么会出现这么大的差别呢?他经过对上海这90%的小学生的调查发现,他们之所以做出错误的答案,是因为他们坚定不移地认为:"老师平时教导我们,只有对问题做出回答,才可能得分;不做的话就连一分也得不到。老师出的题总是对的,总是有标准答案的,不可能没办法做,也不可能没有答案。"

于是在没有怀疑的地方,真理迷失了。

法国教育心理学专家在总结这次实验的时候,引用了下面几句话:

第一句话是笛卡尔说的:怀疑就是方法。

第二句话是法拉第说的:在学术上不应盲从大师,应当重事不重人,真理应当是首要目标。

第三句话是爱因斯坦说的:科学发现的过程是一个由好奇、疑难而开始的飞跃。

然后,他颇有感触地讲道:"应当教育孩子敬重老师,但更要教育孩子敬重真理。怀疑并不是缺点,总是没完没了地怀疑才是缺点,只有敢于怀疑,才能减少盲从。有怀疑的地方才有真理,真理是怀疑的影子。"

【请你亮相】

你如何看待这个故事?

_____

_____

_____

_____

创新剧场
CHUANGXINJUCHANG

犹太人非常注重对孩子怀疑精神的培养。《塔木德》上记载了这样一个故事:

一个犹太教士问一个年轻人:"两个犹太人掉进了一个大烟囱,其中一个身上满是烟灰,另一个却很干净,那么他们谁会去洗澡?"

年轻人不假思索:"当然是那个身上脏的人!"

"错!那个被弄脏的人看到身上干净的人,认为自己一定也是干净的,而干净的人看到脏人,认为自己可能和他一样脏,所以是干净的人要去洗澡。"教士说。

教士又问:"他们后来又掉进了那个大烟囱,情况和上次一样,哪一个会去澡堂?"

"这还用说吗?是那个干净的人!"年轻人急忙说。

教士说:"又错了!干净的人上一次洗澡时发现自己并不脏,而那个脏人则明白了干净的人为什么要去洗澡,所以这次脏人去了。"

教士又问了第三个问题:"他们再一次掉进大烟囱,去洗澡的是哪一个?"

"这?是那个脏人。不,是那个干净的人!"

"你还是错了!你见过两个人一起掉进同一个烟囱,结果一个干净、一个脏的事情吗?"

这个故事很有意思,很多人的回答都会像故事中的年轻人一样,这其实说明了大多数人欠缺一种怀疑精神。想当然地认为就是如此,自然就不会产生怀疑,只有聪明的犹太人懂得从中提炼出教育内容:鼓励他们的孩子大胆怀疑。犹太人还敢于质疑权威,甚至是他们心中神圣无比的上帝,因为在他们看来,要敢于怀疑,就不能让别人来影响自己的判断,即使是权威。

犹太心理学大师弗洛伊德解释说:"因为我也有犹太人的这两个天性——怀疑和思考,所以我不会受到偏见的影响,但其他人的智力则容易受到限制。作为一个犹太人,我时刻怀疑'大多数的人'的意见。"正是怀疑精神使犹太人充满智慧,从而使他们能够在众多领域获得卓越成就。

【案例1】伟大的天文学家哥白尼经过长期的观测,算出太阳的体积大约相当于161个地球(实际上比这个数字还大)。他想,这么一个庞然大物,会绕着地球旋转吗?他开始对流传了1000多年的托勒密的"地心说"产生了怀疑。哥白尼天天观测着,计算着,于是他终于创立了以太阳为中心的"日心说"。

【分析】哥白尼之所以有如此重大发现,主要是因为他善于怀疑,在人们习以为常的事物中找出问题来。我们往往很容易被经验所迷惑,而经验有时只是人在实践活动中取得的感性认识的初步概括和总结,并未充分反映出事物发展的本质和规律。当今世界创新成了潮流,当然不可缺少的是众多青年学生对科学产生了浓厚的兴趣。在学习生活中,要善于发现事实,敢于怀疑,论以见实。

【案例2】蜜蜂发音靠的是翅膀振动?这个被列入我国小学教材的生物学"常识",被一位名叫聂利的12岁小学生用实验推翻。聂利为此撰写的论文荣获全国青少年科技创新大赛银奖和高士其科普专项奖。聂利的发现过程并不复杂:她先是偶然发现翅膀不振动(或被剪下双翅)的蜜蜂仍然嗡嗡叫个不停,然后用放大镜观察了一个多月,终于找到了蜜蜂的发声器官。

【分析】如同许多重大科学发现一样,发现过程本身也许并不曲折,关键在于发现者是否勇于向"定论"提出质疑,向科学权威提出挑战。体现在聂利身上的勇于怀疑的精神,比"蜜蜂的发声器官"这个发现本身更为可贵。正所谓,疑视天下,智慧飞扬:一个年仅十一二岁的小学生都有此态度,说明事实真理也需要人们自己在学习生活创新中发现并将其运用。小学生的这一发现得到了科研项目的奖励,当然也是在鼓励创新,鼓励那些善于发现的人也要敢于怀疑,这样才对自己的学习、工作都有好处。

智慧宝盒
ZHIHUIBAOHE

怀疑代表了一种对于现实存在所具有的不确定性倾向,在科学活动中,表现为对传统的概念、学说、理论在新的条件下失去信任,对其重新进行审查、检查、探索的一种理论思维活动。怀疑产生于人的认识中的矛盾,是问题的源泉,也必然是创新的萌芽。在怀疑中发现原有理论或技术的不足,在追求真理的过程中要勇于挑战权威,创新才能完成。

盖仑血液学说统治欧洲达 1000 多年,且受到教会的支持。在推翻盖仑学说的过程中,塞尔维由于发现人体血液的肺循环原理而被教会处死。面对这种现实,科学家哈维没有盲从,也没有却步,而是投入了挑战权威的战斗之中。为了有力地驳倒权威,他第一次把数学引进生理学研究,对血液进行了计量实验。根据测定,他做了这样的计算:每一次从左心室中流出来的血液大约有 2 盎司重。如果一个人每分钟心脏跳动 72 次,那么在 1 小时内,就从左心室流出了 8640 盎司($2 \times 72 \times 60$)也就是 540 磅(1 磅 = 454 克)血液。这相当于一个人体重的 3 倍!而就盖仑学说而言,其结果应该是,每 20 分钟就要从心脏中流出相当于人体体重的血液。铁证的数字,完全驳倒了盖仑关于"血液一去不复返"的谬论。这就是哈维创立的著名的"血液循环学说"。对此,恩格斯予以高度评价:"哈维由于发现了血液循环而把生理学(人体生理学和动物生理学)确立为科学。"

无独有偶,我国著名计算机专家、两院院士王选面对巨大的成果和荣誉以及众多的崇拜者,却极为冷静地在《光明日报》撰文说"不要迷信院士"。王选认为,虽然年轻人应该向权威学习,要向权威的科技成果看齐,但这种学习是为了创新,为了超越权威,而不是盲目地迷信、追随和固守;迷信是盲目,是枷锁,是桎梏,是学习创新的藩篱;因崇尚而学习继承院士、权威和名人的成果是必需的,但应在学习中继承,在怀疑中发展。对权威的轻视是无知的,对权威的迷信则是盲目的,有时对权威的怀疑恰恰是新的创造孕育萌生的起点。

可见,在科学研究中,怀疑有着产生科学问题,从而构成科学研究的新起点、新理论的重要意义,尤其是对权威要勇敢怀疑,勇于突破权威建立的旧模式,破旧立新。我们要倡导科学的怀疑精神。怀疑精神可以说是最重要的科学精神,因为它可以推动科学的不断前进。当然,我们倡导怀疑精神并不是简单地"怀疑一切、否定一切",而是理性地、科学地怀疑。

怀疑是创新的必要条件,特别是对那些司空见惯的东西,我们要敢于大胆怀疑。我们工作生活中有好多司空见惯的东西,我们在潜意识中就从来没有怀疑过,认为就是真理。我们要敢于向习惯的东西挑战。

有一次,有一个人不小心把他的自行车钥匙弄丢了,他非常着急。这时有人建议用别的钥匙试试,他抱着试试看的心理,一把一把地用其他钥匙试,试了几把以后,果然给捅开了。当时他的心里就掠过了一个念头:"哦,不是一把钥匙开一把锁啊!"

这就像登山,顶峰只有一个,而达到顶峰的道路却有多条:你可以从东面登上去,也可以从西面登上去,也可以从南面登上去,还可以从北面登上去;你可以从阳坡登上去,也可以从阴坡登上去。解决问题也是一样,不一定就用一把钥匙,方法是多种多样的,决不只是一种方法。

矛盾就一个,而解决矛盾的方式方法可以有多种。那种一把钥匙开一把锁,即一种矛盾只能用一种方法来解决的观念是不正确的。真理是一元的,但方法可以是多元的,即解决问题的方法、方案可以是多种多样的,而不是唯一的。这是因为,一方面,方法是人们根据对矛盾的认识结合实际创造出来的,而实际事物是多种多样、变化多端的。另一方面,方法是主体对控制客体的方式所作出的一种选择,究竟选择哪一种方法,这不但受客观事物的制约,同时也受主体条件的制约。即使对于同一对象、同一问题,不同的人,由于经历不同,知识水平、智力结构和心理状态不同,所作出的选择也不相同。

既然解决问题的方法有多种,那么就给我们创新留下了很大的余地和空间,使我们的创新成为可能。所以我们要敢于大胆怀疑,要有敢于怀疑一切的精神。怀疑是科学精神的核心。

头脑风暴
TOUNAOFENGBAO

【练习】下面有五个图形,挑出一个与众不同的。

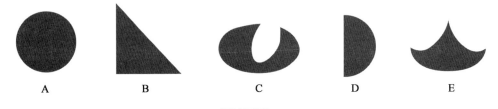

测试图形二

【分析】如果你选择 B,恭喜你,你答对了,因为图形 B 是唯一全部由直线构成的图形。有些人可能选择图形 C,你也答对了!因为图形 C 是唯一不对称的,因此 C 是正确答案。图形 A 也是对的,因为图形 A 每一点都是连续的,因此 A 是正确答案。至于图形 D 呢?它是唯一由直线和圆弧组成的,所以 D 也是正确的。图形 E 呢?它是唯一的非几何图形,因此也是正确答案。换句话说,由于角度不同,它们都是正确的答案。

目前每个大中专院校的毕业生平均都历经 2600 次以上的测验和练习,许多都与你刚才所做的性质相近。因此,"正确答案"也就深植在我们脑海中。对某些事实上只有一个正确答案的数学问题来说,寻找"正确答案"是对的。然而生活中的大多数问题并非如此,生活是不确定的,有许多正确答案——依你所追求的目的而定。如果你认定只有一个正确答案,那么在你寻找到一个之后,就会停止追求其他的答案。

第三章 突破思维障碍，敢于打破常规

人们不能发挥创造力的原因多种多样,有的是因为心中存在某种局限性观念,有的是因为存在某种思维障碍,所以要发挥自己的创造力和进行创新思维,必须突破思维障碍,敢于打破一切常规。尽管规则非常重要,可是,如果我们想获得创意,那么遵守规则就反而成了一种枷锁。创造性思维既要求具有建设性,更要求打破陈规,否则只有一条死胡同可走。我们必须打破常规,学会变通。

一次,一位女主持人走上舞台时,不小心被什么东西绊倒了,观众顿时哄堂大笑。假如你是这位主持人,你会怎么办?

应急方案:

1. 躺着不动,假装晕倒;
2. 爬起来,退到后台,请求换一位主持人;
3. 退到后台,定一定神再说;
4. 站起来,向观众道歉;
5. 站起来,向观众解释摔倒的原因;
6. 站起来,当作什么事也没发生,按原定方案继续主持节目;
7. 站起来,想个应急的办法,变坏事为好事,然后继续主持节目。

在以上 7 种应急方案中,你会选哪种?为什么?

_____
_____
_____
_____

最后,这位主持人采用的应急办法是:站起来,面对观众,大声说道:"我刚才是为热情的观众而倾倒!"

观众席上的哄笑声立即为掌声所代替。

上述事例说明,该主持人由于反应敏捷,转变了思维方式,因此能在较短时间内想出解决问题的方案,表现出极好的应变能力,使自己"逢凶化吉",摆脱尴尬的境地。

创新剧场
CHUANGXINJUCHANG

【案例1】在斯隆学院,有一次,学校图书馆的自来水设备出了故障,不久,水溢得满地都是,致使许多珍贵的图书浸泡在积水中。设备修好了,可如何挽救被水泡湿的书籍,成了大家的议题。若采取一般的干湿方式,就会毁掉这些珍品。于是大家都在思考有没有别的办法。其中有一位曾经从事过罐头生产的图书管理员是这样想的:在制造罐头时,为排除水果中多余的水分,采用的是低温存放和真空干燥的手段。如果把这些湿透的图书当成"水果",能不能在同样的条件下,既蒸干湿书中的水分,又使图书完整无损呢?商量之后,大家按照这个主意,先将湿书放进冰箱中冷冻,然后放入真空干燥箱中。经过几天的奋战,奇迹出现了,湿漉漉的书籍散尽了水分,这批珍贵的图书终于完整地保存下来了。

【分析】这个是典型的打破常规思维之后变通的结果,图书管理员把书和制造罐头联系起来,使用低温存放和真空干燥的手段完成了图书的保存工作。由此可见在创新中打破常规思维和善于变通的重要性。

【案例2】一次,俄国著名生物学教授格瓦列夫正在上课。忽然,有个学生故意捣乱,学起了公鸡的啼叫。顿时,学生们哄堂大笑。可格瓦列夫教授却不动声色地看了一下自己的怀表,说道:"我的这只表误时了,没想到现在已是凌晨。不过,同学们请相信我的话,公鸡报晓是低等动物的本能。"课堂上顿时响起了一片喝彩声。

【分析】学生在上课时学公鸡的啼叫,本意是想捣乱,一般教师碰到这种情况时,往往会勃然大怒,将捣乱的学生教训一通。但由于学生的逆反心理较重,这种方法的效果并不理想。而格瓦列夫擅长思维的变通,从生物学的角度对"公鸡啼叫"作出了合理的解释,并巧妙地对捣乱者作了批评,不能不令学生们心服口服。

【案例3】有一天吃晚饭时,贝贝望着天花板上的电灯,给全家人提了一个问题:"假如忽然没电了,会发生什么事情?"

在化工厂工作的爸爸回答:"化工厂将会发生爆炸。"

当医生的大哥回答道:"正在动手术的病人会发生危险。"

当秘书的二姐说:"未来得及存盘的文件将丢失。"

超级球迷三哥说:"足球赛转播将被迫中断。"

热恋中的四姐说:"二人世界将更加浪漫。"

善于持家的妈妈高兴地说:"那我们就不用付电费了。"

【分析】由于观察问题的视角不同,贝贝一家人面对同一问题时,得出了各不相同的答案。确实,世上万物都有着众多不同的方面,如果能用不同寻常的视角来观察和思考寻常事物,往往会有意外的收获,甚至得到事半功倍的奇效,正所谓"用熟悉的眼光看陌生的事物,用陌生的眼光看熟悉的事物"。

有思维的地方就会有思维定势存在,对我们人类来说,思维定势是不可避免的。但对于创新,思维定势则是一种消极性的东西,它会禁锢我们的头脑,使思维失去活力。这时,尽可能地克服上述这些影响视角的因素,尽量多地增加头脑中的视角,学会从多种角度去观察问题,就显得尤为重要。因为视角的转变,往往就意味着思维定势的突破,常常也会伴随着创新。

对于同学们来说,要克服思维定势、突破思维障碍就是要把发散性思维和集中性思维结合起来,并做到以下两点:

一是要善于从他人不同的经验、思想中获取新知识。

二是要学会逆向思维、换位思考,以求思维的突破。

滴水藏海
DISHUICANGHAI

【测试题】

1. 某足球运动员有个亲弟弟,可这个弟弟却没有亲哥哥,怎么回事?
2. 一个瞎了眼的人走到悬崖边,没人喊他,却站住了,怎么回事?
3. 什么东西左手能拿,右手不能拿?
4. $1 \times 3 = ?$

【分析】

1. 一般人的头脑中总有这样一种思维定势:足球是男子汉的运动,于是碰到第一题便百思不得其解。其实答案很简单,这位足球运动员是女的。

2. 看到"瞎子"两个字后,我们的头脑中马上有了个概念:双目失明,于是为第二题找出种种牵强附会的理由。其实答案同样简单:只瞎了一只眼。

3. 看到第三题时,人们便习惯性地把"手"排除在能拿的东西之外了。其实答案就是"右手"。

4. 经过对前面三道题的分析,你可能找到了一些"门道",在解答第四题时开始注意清除头脑中的思维定势了。可奇怪的是似乎还是难以找到答案。"$1 \times 3 = ?$"不可能是"3"吧?

为什么不呢?"1×3"不等于"3",难道等于"4"?

今天脑子怎么不好使,居然连小学生都不如了?

其实你的脑子是好使的,只不过未掌握好突破思维定势的时机:在该突破时未突破,不该突破时却突破了。

现在再回过头去看这四个题目,你可能觉得实在太简单了,没有什么特别之处，但经过对多人的测试，在被测试的人中居然找不出一个全对的。

在现实生活中，我们会遇到形形色色的问题，而当我们长期处于某个环境，多次重复某一活动或反复思考同类问题时，头脑中会形成一种思维习惯，这就是我们所说的思维定势，下次再碰到同类问题时，思维活动便会自然而然地受这种思维定势支配，甚至在环境、条件等发生明显变化时仍不能改变。

【案例】有一位聋哑人，想买几根钉子，就来到五金商店，对售货员做了这样一个手势：左手食指立在柜台上，右手握拳作出敲击的样子。售货员见状，先给他拿来一把锤子，聋哑人摇摇头。于是售货员就明白了，他想买的是钉子。聋哑人买好了钉子，刚走出商店，接着进来一位盲人。这位盲人想买一把剪刀，请问：盲人怎样做能以最简单的方式买到想要的东西？

【分析】要回答这个问题，就要突破思维障碍，也就是平常所说的惯性思维，惯性思维又称为"定势思维"或头脑的"自动应答"，头脑在筛选信息、分析问题、作出决策的时候，总是自觉或不自觉地沿着以前所熟悉的方向和路径进行思考，而不是另辟新路，所以往往暂时封闭了其他的思考方向。大部分人犯的错误是沿着前面哑巴买钉子做动作的思路，其实瞎子买剪刀直接用嘴说就可以了。

我们每时每刻都会遇到许多信息，正是因为有了思维定势，大脑才能驾轻就熟，在谈笑间将它们处理得井井有条。它能使思考者在处理同类或相似问题时省去许多摸索、试探的思考步骤，不走或少走弯路，做到举一反三，触类旁通，从而大大缩短思考时间，提高思考效率。可以这样说，不管是家庭琐事，还是国家大事，离开了思维定势都将寸步难行。思维定势可以帮助我们解决99%，甚至更多的问题。可在处理剩下的1%需要创新的问题时，思维定势就无能为力了。因为在进行创新思考时，无论面对的是新问题还是老问题，都需要有新的思考程序和思考步骤。因此，基于思考、处理同类问题而形成的思维定势当然会起阻碍作用。也就是说，当我们面临新情况、新问题需要开拓创新时，思维定势不仅无能为力，而且还会成为"思维枷锁"，阻碍新观念的产生，使人打不开思路，跳不出框框,难以进行新的尝试,甚至将人引入歧途。在这种情况下,突破思维定势就相当必要了。

打开心智枷锁

有一位禅师请一位弟子到他房中饮茶。他们先寒暄了一会儿,就开始用茶。这位禅师替弟子倒茶,茶杯已满了,禅师仍继续倒,终于茶水溢出来,并且把地上溅湿了。

最后,弟子忍不住道:"师父,不能再倒了,茶水已溢出,杯子装不下了。"

禅师应道:"你的观察力不错!你也是一样,如果你要接受我的任何教诲,首先你必须把心智的杯子空出来。"

寓意:我们要有能力忘掉已知的。

如果我们不能暂时忘记所知的,脑海里必定塞满了既定答案,就不会有机会问一些能引导新方向的问题。由于这些心智枷锁都是经由学习得来的,打开心智枷锁的一个关键就是暂时忘掉它们——把我们心智的杯子空出来。这个技巧听起来似乎很简单,但有时却不易应用。

倒茶

通常这些心智枷锁与我们的思维和行为紧密结合在一起,以致我们丝毫未察觉到心智枷锁正引导我们的思维方式。它们成为我们的第二天性,我们不用多思考就会照着做。

因此，我们有时需要小小的外力来协助打开心智枷锁。让我们再回到禅师处。

禅师和弟子正在讨论禅机，经过一段长时间的讨论，弟子仍无法领悟禅师所说的要旨。最后，禅师忍无可忍，顺手拿起一根木棒，给他来个"当头棒喝"，弟子顿时"悟"出了道理。

寓意：有时，去除使我们固步自封、一成不变的心态的最有效方法，莫过于来一记"当头棒喝"。

爱迪生思维

爱迪生是美国的大发明家，他的一切发明都是和他的思维活跃分不开的。

一天，爱迪生在实验室里工作，急需知道一个灯泡容量的数据，因为手头忙不开，他就递给助手一个没有上灯口的玻璃灯泡，吩咐助手把灯泡的容量数据量出来。过了大半天，爱迪生手头的活早已干完，那助手还不把数据送过来，没辙，爱迪生只好上门找助手，一进那屋，他就看见助手还在忙于计算，桌上演算纸已经堆了一大叠，爱迪生很是郁闷，他皱着眉头问对方："还需要多长时间？"

助手回答说："一半还没完呢。"

爱迪生一听，就全都明白了，原来，他那助手，刚才一直忙于用软尺测量灯泡的周长和斜度、用复杂的公式计算呢！

这小子还真行，他还把他那一套计算程序详细地说给爱迪生听，以证明自己的思路没毛病。

爱迪生不等他说完，便拍拍他的肩膀说："别瞎忙了，小伙子，瞧我怎么干！"

说着，他往灯泡里面注满了水，交给助手："把这里面的水倒在量杯里，马上告诉我它的容量。"

助手一听，立马羞得面红耳赤。

迂者拘泥于形，易被外在束缚；巧者注重本质，因而心明眼亮。爱迪生思维的独到之处，就在于其灵动自如，直奔目标，而不为人间万象所迷惑、干扰。

【请你亮相】

这种爱迪生思维,在中国,也有一些经典应用的故事,请上网查询,找出"爱迪生思维"应用的一两个具体例子:

_____
_____
_____
_____
_____
_____

下面是举世闻名的九子图,历史十分久远,美国创新创造协会将它作为会标。

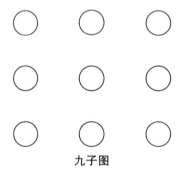

九子图

它是一道伤脑筋的智力游戏题,要求如下:
(1)用四条直线把所有九个点连接起来;
(2)不能移动任何点;
(3)连线必须一笔完成;
(4)连线画完前,笔不能离开纸面。

多年以来,人们一直对它充满敬意。因为,无数天才初次与它交锋时,往往都束手无策,不知如何搞定它。

你是否愿意尝试一把?

当你想尽办法几乎绝望的时候,要是你偷窥一眼这个答案,你一定会觉得很没面子,原来,结果竟是这么简单。

【答案】用四条线一笔相连直接画一个伞就可以了,如下图:

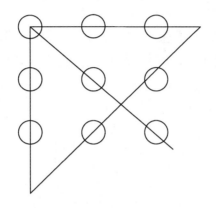

九子图连线答案

下面,再请你做三道游戏题。

1. 你能不能想出一个办法,把一张普通报纸铺在地上,两个人面对面地站在上面,却碰不到对方? 注意,不允许把报纸剪开或撕开。

2. 在一个小湖的中央有一个小岛,岛上有一棵树。湖水很深,湖的直径有 80 米。在湖边的陆地上有另一棵树。一个不会游泳的男子想到小岛上去,但他只有一条长 300 米的长绳。请问:他怎样才能过去?

3. 下面的等式显然是错误的,你只能通过移动已有的四个数字来纠正这个等式,不可以添加任何其他的数字符号。这可能吗?

76 = 24

很可能,你又有麻烦了。

当你得知以上答案时,请你大可不必灰心,因为,这些和你的智商没有关系。

它们既没有脑筋急转弯的机智,也不存在偷换命题的狡辩,可为什么做不出来呢? 这些问题后面隐藏着一个很有意义的东西,那就是:超脱思维。(以上答案见本章末)

腾空大脑,抹去旧思维,用一种新的眼光重新审视现实中的困惑,非常有助于问题的解决。

超脱需要突破。

下面让我们再思考以下两个问题:

4. 如图所示:一对父子在一次游迷宫时不慎走散,父亲非常着急,想尽快找到孩子。你能帮助这位家长设计一条最短的路线吗?

迷宫图

5. 图中的匣子内,放有六张大小、形状相同的纸牌,请利用空格处,上下左右移动,把三张"X"印的纸牌和三张"O"印的纸牌的位置完全互换。条件是只能"移动",不能取出纸牌,也不能在纸牌中间跳跃。(以上答案见本章末)

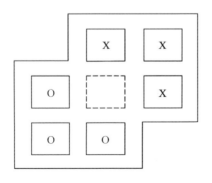

图 3-5　纸牌位置图

【答案】

1. 把报纸放在门口,一半在门里,一半在门外,关上门,两个人分别站在门的两侧。

2. 他先把绳子吊在湖边的树上,然后带着绳子绕小湖走一圈,这样绳子在岛上的树上也绕了一圈,他再把绳子紧绑在湖边的树上,攀着绳子过湖。

3. 可能。

说明:把"6"颠倒过来,变成"9",把"2"变成指数,原来 76 = 24 的列式就可以变成 $7^2 = 49$。

4. 最短距离的路径如图所示:

迷宫最短距离答案图

说明:一开始就考虑走图外这条路的人是很少的。很多人在解题时都曾经拿起铅笔在图中画来画去,试图在方块里面寻找一条最短的路线,个别人还为此花费了很多时间,但这些路根本走不通。只有当你在迷宫里怎么也找不到通路的时候才会醒悟过来。事情往往是这样:当有些问题用某种方法怎么也解决不了的时候,人们才会另谋他法。

5. 将整个匣子作 180° 翻转。

勇于创新

Part 3

创新是成功的使者!
创新成就多彩人生!
创新是永恒的追求!

第一章　动力推动创新

今日视点

创新是以新思维、新发明和新描述为特征的一种概念化过程。创新起源于拉丁语,它原有三层含义:第一,更新;第二,创造新的东西;第三,改变。创新是人类特有的认识能力和实践能力,是人类主观能动性的高级表现形式,是推动民族进步和社会发展的不竭动力。一个民族要想走在时代前列,就一刻也不能没有理论思维,一刻也不能停止理论创新。创新在经济、商业、技术、社会学以及建筑学这些领域的研究中有着举足轻重的分量。口语中,经常用"创新"一词表示改革的结果。既然改革被视为经济发展的主要推动力,促进创新的因素也被视为至关重要。

课前热身

【小练习】

1. 在桌子上的一个杯子里放有三分之二的水,用什么方法,可以在不动杯子的情况下喝到水?方法越多越好。

_____

_____

2. 树上有 10 只鸟,一枪打死 1 只,树上还有几只鸟?除了现有的答案外,你还有其他的答案吗?

_____

_____

_____

_____

【答案提示】

1.（1）注意题目没有明确必须喝杯子中的水，所以不动这个杯子也可以喝其他杯子的水。

（2）可以借助吸管、勺子等工具喝到杯子中的水。

（3）有没有想到"乌鸦喝水"的故事？

（4）任何在没有动杯子的情况下喝到水的方法都可以，这就需要你的创新了。

2.（1）很多人会回答树上没有鸟了，因为打死的1只掉了下来，其他的鸟都飞走了。

（2）可以进行创新的假设。假如是用无声手枪打的呢？假如打死的鸟还被挂在树杈上没掉下来呢？可见假如推理正确，有0～10只鸟的情况都可能存在，这就需要你有明确的假设条件。

怪盗的创造力

某夜，有个名叫吕班的怪盗、侦探，潜入一个公爵的住宅，在三楼卧室里，偷到一份重要的外交信件。他正要离开房间，突然听到门外有脚步声——公爵参加晚会回来了。吕班进退维谷。窗下有一条运河，如跳进运河就可以脱身，但吕班顾虑外交信件被弄湿而前功尽弃。踌躇中，他看到自己的帮手在对面大楼的窗口等待接应，于是灵机一动，决定先把信件递给帮手，再只身逃走。他钻到窗外，站在窗台上，探身、伸手，可是很遗憾，还差一点点儿，够不着。手边又没有杆子或棍子之类的工具，对面大楼的窗台很窄，跳过去也没有落脚之处，把信件扔过去，又担心被风刮跑。一时，怪盗吕班竟束手无策。可是仅仅数秒钟之后，吕班就有了办法，什么工具也没有用，就把信件递给了帮手，然后只身跳入运河之中，匆匆离去。

你知道吕班是用什么方法把信件递给帮手的吗？

原来，吕班在危急之中，摆脱了以往人们总是用手去传递信件的习惯思维定势，他爬出窗口，用手拉着窗框，脱了鞋，把信件夹在脚趾中，将腿伸出去，他的助手也如法炮制。用脚趾传递信件，因为腿比手臂长！吕班突破了自我，运用创造性的传递方法——用脚不用手，使他获得了成功。

流浪汉的创造力

在美国的一座城市里，有个清瘦的青年人在街上徘徊，看年纪不过二十刚出头，却无所事事，正遭失业，他叫奥斯本。突然奥斯本在招贴栏前被一则招聘广告吸引住了，他读完广告，立刻飞也似的奔进了一家报社，终于赶上了那里的招聘考试。主考人问他："你从事写作已有多少年？"奥斯本回答说："只有三个月，但是请你先看一看我写的文章吧！"主考人看完后，对他说："从你写的文章来看，你既无写作经验，又缺乏写作技巧，文句也不够通顺，但是内容富有创造性，可以留下来试一试。"奥斯本由此领悟到创造性的可贵。工作以后，他"日行一创"，积极主动地开发自己具有的创造能力，尽力在工作中发挥出来。后来，这位没有受过高等教育的小职员成了一名大企业家，并且还撰写了著名的《思考的方法》一书，成为美国当代著名的创造工程学家。

福特的创新意识

福特于 1863 年 7 月生于美国密歇根州。他的父亲是个农夫，觉得孩子上学根本就是一种浪费。老福特认为他的儿子应该留在农场做帮手，而不是去念书。

福特自幼在农场工作，很早便对机器产生兴趣，他用机器去代替人力和畜力的想象与欲望也早露端倪。

福特12岁的时候,已经开始构想要制造一部"能够在公路上行走的机器"。这个思想深深地扎在他的脑海里,日日夜夜萦绕着他。

周围的人都"劝导"福特放弃他那"奇怪的念头",认为他的想象是不切实际的。老福特希望儿子做农场助手,但少年福特却希望成为一位机械师。终于,还是少年福特的意志力强,他用一年多的时间就完成人家需要三年的机械师培训。从此,老福特的农场便少了一位助手,但美国却多了一位伟大的工业家。

从12岁产生构想至36岁他的第一辆汽车诞生,这24年的生命历程里,亨利·福特为他的梦想投注了多少心力,进行了多少反复的想象和实验,是常人无法估算的。作为一个敢于寻梦的人,他最终达成了自己的心愿。

【分析】福特的第一辆汽车的诞生,正是他首先有了那"奇怪的念头",并努力坚持的结果。很明显,福特是一个具有较强创新意识的人,他不为传统习惯势力和世俗偏见所左右,敢于标新立异,想常人不敢想的问题;他提出了超常规的独到见解,善于联想,从而开辟了新的思维境界。

创新意识就是根据客观需要而产生的强烈的不安于现状、创造前所未有的事物或观念的动机,以及在创造活动中表现出的意向、愿望和设想。

创新意识是进行创造性活动的出发点和内在动力,是提高创造性思维能力和创造力的前提。没有创新意识,也就无从提及创新能力。

人们为什么渴求创新?为什么会忘我地致力于创新?总有一种推动的力量,这就是创新的动力问题。创新动力意识在创新意识中处于关键性的地位,思想上没有想到要创新或者把创新看成可有可无,当然不会有创新行动或者不会有强烈的创新行动。

山洪暴发,一棵大树被洪水从山上冲到了山下。甲、乙二人同时发现

了它,于是二人商量如何分树。

甲很想得到这棵树,但也不能说得太明白,他怕引起乙的不满,便很委婉地对乙说:"树是我们两个同时发现的,你说吧,你说怎么分就怎么分!我家最近要盖新房,分完树我还得回家准备材料去!"

乙听了甲的话自然明白了他的意思,他仔细地看了看那棵树,很大方地对甲说:"你家盖房子需要木料,我要木料也没什么用。这样吧,树根归我,我回去当柴烧,其余的都归你!"

甲听了乙的话非常高兴,他也很佩服乙的大度。讲好了分树的办法,两个人便各自找来家人帮忙,把树按乙说的办法分开了。甲高高兴兴地把树干运回了家,乙也在家人的帮助下把树根抬了回去。

甲的家里根本不准备盖新房,他只是为了得到那棵树才这样讲的。第二天他就把树卖给了一个准备盖房的人,得了 2000 元钱。乙的家人听说了,都埋怨乙。乙只是笑了笑,没有说话。

过了一段时间,乙用那个树根做的大型根雕卖了 10 万元。甲听到这个消息后,气得够呛,但也没有什么办法。

【分析】其实,即使当时把树根给了甲,他也只会把它劈了当柴烧。因为和乙相比,甲缺乏一种关键的能力,那就是创新能力。

正是乙特有的创新能力起到了点石成金的作用,使一个看似没有价值的树根变成了宝贝。世界上任何一个企业、组织要想延续和发展,就必须依靠创新。只有不断创新才能走得更远。创新理论的鼻祖约瑟夫·熊彼德指出,经济发展的根本动力在于创新。

曾有人向皮尔·卡丹请教过成功的秘诀,他很坦率地说:"创新!先有设想,而后付诸实践,又不断进行自我怀疑。这就是我成功的秘诀。"

比尔·盖茨不断地对员工灌输危机意识:微软离破产只有 12 个月。他的意思是说,离开了创新,微软也就变成"无源之水、无本之木"了,也许一年后就不复存在了。正是因为有这样的思想,他才能够带领微软不断成长,直至成长为软件业的巨无霸。

球落洞中怎么办

有位小姑娘在听到少年文彦博用水取球的故事后,突发奇想:"应该会有更多的办法取出洞中的球。"于是,她想到了一个游戏来寻找更多的办法。

她把小伙伴们召集起来,对他们说道:"我们来玩一个游戏。假设我们把皮球滚到一个洞里面去了,大家每个人想一个办法,也可以否定别人的办法。凡说得有道理的均可以得到一个泡泡糖,现在以抽签决定先后顺序。"抽完签,她便喊"开始"。

抽到第1号的孩子说:"我用手从洞里把皮球捡出来。"大家听完都笑了,说他的方法太简单了。

第2号否定道:"如果洞再深一些,手够不着呢?"

第3号接着说:"那我回家拿火钳把它夹出来。"

第4号否定道:"如果火钳太短怎么办?"

第5号接着说:"那我用竹棍子将它拨出来。"

第6号否定道:"如果是个弯洞,那又该怎么办?"

第7号接着说:"我会灌水让皮球浮出来。"

第8号否定道:"但如果那是个沙洞呢?"

第9号接着说:"那我用锄头挖沙,把皮球给挖出来。"

第10号又否定道:"如果那不是一个沙洞,而是一个石头洞,又弯,又漏水,又深,怎么办呢?"

第11号笑道说:"那我不要这皮球了,让妈妈给我再买一个。"

第11号最终也获了奖。为什么呢?因为当取球的代价已经超过皮球的价值时,就没必要再去做得不偿失的事情了。

【请你亮相】

如果是你,你能想出几种取球的方法来?

_____
_____
_____
_____
_____

第二章　超越带来创新

今日视点
JINRISHIDIAN

超越就是超越前人或他人甚至自己已有的成绩。任何开拓、任何创新,都是一种超越。人类发展史就是一部不断开拓、不断创新的历史,也是一部不断超越的历史。超越是一种历史的必然。树立超越意识首先要懂得超越的必然性,并在此基础上树立超越的自信心。创新的内涵是超越与突破,是一种不满现状的追求,是一种态度和实践。

课前热身
KEQIANRESHEN

【自我超越能力自测】

1. 当你遇到比较棘手的问题时,你的心理反应如何?
   A. 总有动力去突破
   B. 尽管有压力,但仍保持平和的心态
   C. 心里很焦躁
2. 当你无法达成既定目标时,你如何想?
   A. 继续努力,决不放弃
   B. 尽量借助外力
   C. 情绪低落,压力很大
3. 你如何看待个人发展道路上的困难?
   A. 对个人的成长有利
   B. 是正常的和必然的

C. 需要克服和战胜

4. 你的个人愿望是否明确和清晰？

A. 每个年度都在推进

B. 还算清晰

C. 没有明确规划

5. 你如何认识理想与现实之间的差距？

A. 提供发展的动力与能量

B. 是正常现象

C. 常常给我带来压力

6. 当目标看起来很难实现时，你通常会怎样？

A. 坚持原有目标

B. 降低原有目标

C. 确立新的目标

7. 为提高自己，你应当如何学习？

A. 不断尝试新的思维方式

B. 掌握新的学习方法和技巧

C. 增加知识量

8. 你是否能有效控制自己的情绪？

A. 通常都能够

B. 有时能够

C. 很少能够

9. 你是否能及时发现自己的缺点与不足？

A. 总能及时发现

B. 有时会发现

C. 偶尔能发现

10. 你的体质如何？

A. 强壮，几乎不得病

B. 正常，偶尔会得病

C. 一般，有时会得病

【评分】选 A 得 3 分,选 B 得 2 分,选 C 得 1 分。

24 分以上,说明你的自我超越能力很强,请继续保持和提升。

15~24 分,说明你的自我超越能力一般,请努力提升。

15 分以下,说明你的自我超越能力很差,急需提升。

创新剧场

不付保管费也能存珠宝
——到传统规矩之外寻找规矩

我们都知道银行的金库都设有保险箱,用来为客户保存贵重物品。当有些人觉得自己的金银珠宝放在家里不安全时,为了安全起见,就要存放在银行的保险箱里。可是根据银行的规矩,存放物品要交费用。其实规矩以外的办法是有的,就看你能不能超越自我的日常思维观念,从而有所创新。

一位聪明的犹太人以他出色的创新能力,达到了既存贵重物品又不付保管费的目的,同时也给银行家上了深刻的一课。

故事是说一位犹太人来到银行贷款部。贷款部门主任问:"请问先生需要什么帮助?"犹太人说:"我想借一美元钱可以吗""一美元?"主任感到有点意外,却还是热情地回答:"当然可以,没问题。只要有担保,借多少钱都没问题。"犹太人从包里取出价值五十万美元的珠宝说:"好吧,这些可以吗?"主任忙说:"当然,当然,别说您借一美元,就算您借更多的钱,这个担保也足够了。您的年息为 6%,一年后归还,我们就可以把这些珠宝还给您了。"犹太人接过一美元走了。一年后犹太人还了债(即一美元本金和六美分利息),取回了自己的珠宝。当经理问及为何只借一美元时,犹太人笑着回答:"保险箱的租金太高,变通一下,我只花了六美分就存了一年的珠宝。"犹太人确实精明。银行的制度应该说是比较严密的了,还是被犹太人钻了空子。其实银行的规矩是固定的,我们的创新思维是灵活的。只要我们勇于破除旧的观念,必然会有新的创意。

【分析】在上述的例子里,犹太人的真正目的并不是贷款,而是利用银行家的习惯性思维,通过贷款的方式为自己找到了方便。通常人们贷款抵押都希望少押多贷,而银行为了保障自己的利益却希望多押少贷。因而押不嫌多,贷不嫌少。久而久之成了一种习惯,逐渐成了规矩。犹太人则敢于破除"为贷而押的习惯",从而创新出"为押而贷"的创意。通过一个小小的创新达到了他不付保管费也能存珠宝的目的。

滴水藏海
DISHUICANGHAI

创新教育的基本出发点,是培养同学们的创新意识、创新精神、创新能力。创新分为知识创新和技术创新。对我们广大学生来说,主要的任务是学习前人所积累的优秀文化、科学知识,形成各种技能技巧。在这个过程当中,也可能有一些发明创新。创新能力主要是同学们参加工作后在实践工作中以成果的方式表现出来的。在学习阶段的创新能力则是以超越的形式表现出来的。同学们今天的越超是为明天的创新打下基础。

学生的创新能力主要表现在以下几个方面。

一、超越课堂

超越课堂是指在课堂上受到启发后对某一内容产生了兴趣,课后继续进行有目的的、自觉的学习。这种学习不同于写作业,它是一种创造性学习。这种学习也可以说是为下堂课学习所做的准备,关键是能够十分明确课后要做什么,以便在学习过程中充分展示自己的才能。

二、超越课本

超越课本是指在学好教材的基础上,收集、阅读课本以外的材料,扩展知识,增强该学科的理解能力和实践能力。超越课本,选材非常重要,它既不是专门围绕课本所编写的练习材料,也不是超越学生知识能力范围的书本,它应该是适合学生的心理特点,既有利于优化学生知识结构,又能开发学生智力潜能的材料和实践活动。

三、超越教师

学习应该是一个主动的过程。判断一个学生是被动学习还是主动学习,关键看他能否超越教师。超越教师是指学习不限于老师课堂上所教的内容,不是跟着老师屁股后面学,而是积极主动、有创造性地去学习。在这里,教师的作用是引导和启发学生,激发学生的学习积极性,使之乐学、会学。

四、超越考试

超越考试是指学习不是为了考试。学习过程是自我发展、自我完善的过程。学习是为了自身素质的提高,它是个性全面发展的手段。专门为了应付考试的学习不是真正意义上的学习。然而我们并不反对考试,学习过程中伴随着考试、考核是十分正常的。

五、超越自我

超越自我一方面是指学习过程中的互帮互学。在学习过程中,既要主动倾听其他学生的意见,学习他人的长处,同时又要主动帮助别人,关心别人。不但要自己表现好,而且还要带动其他同学共同前进,从而学会和别人合作,养成为他人着想的优良品质。超越自我另一方面是指要有不断进取的精神,要通过不断超越自我,达到超越别人的目的。江泽民总书记指出:在出人才的问题上,要鼓励和支持冒尖,鼓励和支持领头雁,鼓励和支持一马当先,这不是提倡搞个人突出、个人英雄主义,而是合乎人才成长规律的必然要求。

超越的实质就是创新。社会上的许多事物,对别人来说,可能是习以为常的,对自己来说,可能就是一种新的事物。

亚马逊与当当网

1994年,30岁的杰夫·贝索斯有了一个令他惊讶的发现,那就是网络用户的数量正以每年高达2300%的速度在暴增。正如你现在看到的,一般人是使用网络,而杰夫·贝索斯却注意到了网络的使用。那时候的他正坐在曼哈顿一栋办公大楼的39层的一张计算机桌前,对网络进行探索。这个发现让他很兴奋,他预感到了什么! 他开始思考:既然有这样的一种趋势，流连于网络的人越来越多，那么能否在网络空间中创造一些商机呢？

他毅然辞职了——为了这个不成形的预感！

但到底要在网络中做什么，卖什么东西，办一家什么样的公司，他对此还无清晰的思路。于是他就跑到大街上寻找灵感。终于，在那天他看到一个书店时，一个主意在他的脑海中浮现：为什么不在网上开办一家书店呢？

"亚马逊"网上书店就这样诞生了！他用世界上最大的一条河流的名字来给它命名。

杰夫·贝索斯毫无争议地率先开启了电子商务的大门，并且亚马逊用自身的超速成长，引领了世界商业模式的革命，也诠释了到底什么叫电子商务。

现在的亚马逊是个什么样子呢？

咱们设想一下：有这样一家书店，有十几平方千米的面积，备有310万种以上的图书，每天可以接待上万人次的顾客，这该是多大的书店啊！你要想浏览完它所有的书目，恐怕必须要开上汽车才行。

这样的设想可能让你感到吃惊，因为如此大的书店根本无法在现实中实现，然而，互联网能做到这一切，这就是亚马逊网络书店。当然，亚马逊现在不仅仅是卖书，它已经成为了一家名副其实的"百货公司"。

1999年的11月，当当网开通了。这也是一家从网络书店起家的电子商务公司，而现在则号称是全球最大的中文网上商城。换句话说，它现在的商品不仅仅是图书了，其商品种类繁多，怎么也有数十类吧。

现在很多人都愿意从当当网上购物，打折、货到付款、足不出户，而且等待时间并不算长。当当网也很成功。

【请你亮相】

亚马逊和当当网都很成功。不过，看到这里你有没有想到一个问题：亚马逊网站作为第一个真正意义上开启电子商务大门的商业模式，无疑可以称为创新，那么当当网则带有一定的借鉴性质，也可以称为创新吗？如果也算的话，那么这两种创新又怎么区分呢？

【分析】创新是指人类提供前所未有的事物的一种活动。

其中有两个关键词可以帮助我们进一步理解什么是创新。一个是"事物",另一个是"前所未有"。这里的"事物"所指很广泛,既包括自然科学,也包括社会科学,上至国家政权,下至百姓生活,从天文到地理,无所不有。这里的"前所未有"却只有一种含义,那就是"首创"。任何创新都必须是一种首创活动。通俗地讲,首创就是第一个的意思。不过这个首创因为参照对象的不同而有两种不同的含义。

第一,相对于其他人或全人类来说,你是第一,是首创。比如爱因斯坦发现相对论、爱迪生发明电灯等。

第二,虽然相对于其他人你不是第一个,但相对于你自己来说,是第一,是首创。比如某单位搞了一场与往年不同的新年联欢会、推行了新的工作方法、进行了某些方面的改进等。

第一种情况称为"狭义的创新",第二种情况称为"广义的创新"。按照这个定义,你是否已经可以判断出亚马逊和当当网分别是哪种创新类型了呢?不过,需要指出的是,当当网并不是简单地模仿,它在创建和运营中又形成了自己独特的东西,所以,已经从广义创新向狭义创新转化了。

毫无疑问,虽然广义创新比较简单,容易学习和掌握,但真正具有推动社会进步意义的还是狭义创新。

【小练习】

1. 如何在不折断尺子的情况下,使得一把长的尺子变成短的尺子?

2. 村里有三个懒汉,共同种了一块西瓜田,但是他们在向地里扔了一把种子之后就不管不顾了。结果到了收获的时节,地里只长成了两个西瓜。他们每人都要求自己必须得到这两个西瓜的三分之一,请问如果让你帮他们分,你会怎么办?

3. 小明对小林说:"你永远没有办法将一支笔放到一本书的43页和44页的中间,因为43页和44页印在同一张纸上。"

请问,如果你是小林,将会有什么办法?

【参考答案】

1. 针对不同的参照物,尺子的长短不同,只需要找一把较长的尺子做比较就行了。

2. 把一个西瓜分成三份,把另一个西瓜也分成三份就可以了;或者将西瓜榨成汁,然后分成三份。

3. 将笔穿透43页和44页那张纸。

第三章　协作成就创新

今日视点 JINRISHIDIAN

什么是协作？

同事之间，部门之间，工作职责、权利义务，往往都不是职务说明书、工作任务书说得清楚的。因此，对一个组织而言，塑造团结协作的精神是提升效率、减少摩擦的有效办法。清官难断家务事，同在一个组织里，真的要有家人般的融入，否则内耗剧增，人人做事都会举步维艰。人们普遍认为：研发是创新的主要驱动力。现如今，协作同样也是实现成功创新的重要驱动力。

课前热身 KEQIANRESHEN

【外企面试题】

雨中打伞

面试时，要求应聘者冒雨到附近指定地点然后返回，但只有一半的应聘者发到伞。

如果你是应聘者之一，正好发到伞给你，你会怎么做？没有发到伞给你，你又会怎么做？

【应聘结果】
应聘者在这场面试中出现这样的情况：有的发到伞的应聘者主动与无伞的应聘者搭档，风雨同伞；有的无伞的应聘者则与有伞的应聘者协商合用一把伞；还有的有伞的应聘者只顾自己，不顾别人，独自撑一把伞。结果，独自撑一把伞者被淘汰，而风雨同伞者被录用。

思科推出"协作型创新模式"助力中国本土创新

2009年4月17日，思科宣布和中国著名的高等学府清华大学成立清华大学—思科绿色科技联合实验室，作为思科履行其致力于推动中国创新和可持续发展承诺的重要举措。该实验室由清华大学电子系和思科中国绿色研发中心共同领导，将专注于开发基于网络的智能城市化技术和解决方案，从而支持中国发展绿色经济、节能和减排的长期战略。

思科董事会主席兼首席执行官钱伯斯表示："思科在中国的创新计划以及绿色实验室的成立，体现了我们对中国持续不变的承诺，也表明了我们对中国市场一如既往地充满了信心。今天的发布进一步诠释了思科在中国的发展战略，即专注于'激励创新、合作共赢、领导力培养'三大方向，通过密切协作，实现与中国本土产业的共赢。"

思科一直以来都具备强大的自我研发实力和成功的并购整合能力。在中国推出新的"协作型创新模式"，将为思科及其合作伙伴拓展更为广阔的创新空间，从而能够更快、更敏捷地捕捉新的市场机会，提供贴近市场需求的解决方案。

协作型创新模式将与中国当前经济发展的方向和重点相一致，专注于三大领域：智能城市化、针对成长型企业的新业务模式、下一代互联网（包括视频和移动)。

——与同方泰德合作,致力于推动智能城市化:

思科计划与同方泰德一起为中国的智能城市化建设探索并创造新的市场和商业模式。

同方泰德是中国领先的、为楼宇和交通运输行业提供集成化解决方案和专业服务的企业。结合同方对本地市场的洞察力,合作将有助于双方基于同方泰德的软硬件平台和思科的互联网技术,共同开发本土化的产品和解决方案。

智能城市化是思科新近推出的全球计划,旨在推动城市实现以网络为平台进行城市综合管理,提高居民生活质量和促进经济发展。

——投资全景,共同开发视频业务:

今年3月初,思科投资入股上海全景数字技术有限公司,同时全景数字获得选择思科视频技术的许可。

全景数字正致力于开发一个高清、互动、开放的数字电视平台以支持新的增值服务模式,从而推动上海全面实现有线电视数字化的计划。

上海有线电视数字化的模式和经验,有望今后在中国其他城市或地区得到推广。

——携手安博开拓新商业模式:

安博教育集团是中国领先的教育服务和教育技术提供商。思科正与安博合作,为互联城市和互联学校寻求创新的商业模式。

双方正在就目前当地社会十分关注的问题展开一系列的合作,包括为大学毕业生就业做好准备、培养可复制的业务流程外包能力,以及推进四川地震灾区面向21世纪的教育发展。

思科在2006年就开始投资于安博,成为安博最早的投资者之一,以满足中国对可持续的技能培训的需求。

思科中国董事长兼首席执行官史瑞夫表示:"通过协作和伙伴关系来推动创新在当前的经济环境下至关重要,将有助于发掘新的机遇、帮助企业保持增长并在经历挑战后变得更加强大。思科的创新远远不只是包括技术、产品或服务。在中国,我们与合作伙伴和客户的密切协作与共同创新,还体现在商业模式、业务流程以及市场战略等多方面,这将使我们能够一起为本地乃至全球市场创造并提供新的产品和技术。"史瑞夫强调,创新需要一些成功的要素,而思科切合每个国家作出一些调整,正是对各种创新型生态环境的高度重视,同时也是一种协同性的创新型合作。

滴水藏海
DISHUICANGHAI

协作有道,创新无限

"一流企业卖标准,二流企业卖技术,三流企业卖产品",当企业的目光还停留在这样的讨论时,市场、利润、竞争力仍是解读其本意的关键词。它们中不乏成功的企业,但距离像 IBM 这样"伟大"的企业,仍然缺少的是"卖思想"。2006 年 IBM 新春记者招待会上,IBM 大中华地区董事长兼首席执行总裁周伟焜再度把"协作创新"定为 IBM 未来发展的核心,在向 IT 业界传递这种"思想"的同时,总能在转型中创造奇迹的 IBM 让我们有了更多期待。

一、协作 + 创新

2006 年 2 月 28 日,全球最大的信息技术和业务解决方案公司 IBM 在京宣布其 IBM 中国创新中心正式成立,并首次向社会全方位完整展示了面向金融、电信、政府、零售、医疗、制造等各行业客户提供的创新平台。这一平台融合了全球最权威的行业、技术专家思想,并以顶尖的软件、系统科技和架构进行打造,为中国各行业创新规划了一幅完整的图景,同时也意味着 IBM 以"协作有道,创新无限"为主题的战略变革加快了推进步伐。

三年前,IBM 就首次将"创新"纳入其战略发展的字典里。而在出售其 PC 业务之后,向全方位的 IT 服务供应商转型的需要更迫使其对"创新"有更清晰的认识。对此,IBM 大中华地区董事长兼首席执行总裁周伟焜认为:"企业需要有更快的速度来跟别人寻求差异化,单说成本低不够,说把低成本移到中国、印度做不够,一定要跟别人有差异,其中唯一的方法是创新。"

为了证明创新对企业未来发展的重要性,周伟焜还特别把将于近期正式对外发布的"全球 CEO 调查"中的一些针对中国的发现与各界进行分享。在这次调查中,60位中国CEO参与了访问,话题主要围绕CEO们面临的问题与挑战战略分析,结果显示,超过50%的主管人员具备创新的能力。而对比去年3月份麦肯锡对全球9300多人员进行的题为"公司里面最重要的是什么事情?"的调查,人们普遍认为按重要性依次为:人才、基金和移动存储等。事实上,从技术到商业模式,从企业到政府,一股创新的旋风正席卷全球。

IBM大中华区首席技术官叶天正认为:"在某一个领域里面要想再突破的门槛会越来越高,投资会越来越大,简单的事情已经被人想完了、做完了,要再想在上面创新越来越难。"在IT业界普遍陷入"创新危机"的环境中,IBM又将如何突围呢?细心的人从此次大会上可以发现,IBM在"创新"前又加上"协作"二字。如果前者是其面临的最大挑战,而后者就是其眼中的解决之道。

在一份有关"协作处理"的白皮书中,IBM作了这样的阐述:"目前,两种不同的趋势正在推动协作处理的兴起:首先,为了能够支持一个全面实现了随需应变运行的组织,我们需要支持思想、见解和经验的实时交换;其次,技术功能的发展可支持在协作者之间进行丰富的数字信息交换。"换句话说,随着IT与业务的结合日益紧密,随着用户对IT投资的认识趋于理性,随着IT企业在技术创新上的瓶颈效应突显,营造一个更为开放、协作的氛围将把部门内部的创新扩展到整个企业内部,甚至行业共同体和客户之中。

二、从随需应变到协作创新

回顾IBM的发展历史,似乎每一次它都能敏感地把握企业对IT需求的变化,及时调整战略并成功转型。

第一次转变出现在40年前计算机技术蓬勃发展的年代,企业需要更高性能的硬件设备来解决它们关心的某个产品或技术问题。IBM推出的不同类型服务器,例如高度集成的小型机AS400以及PC服务器等,正好满足它们不同层面的需求。

第二次转变出现在20世纪90年代的电子商务浪潮出现之前,又是IBM首先意识到电子商务将使得IT日益广泛地融入各类企业的业务运作过程,并大大提升传统企业的竞争力。在IBM的倡导下,电子商务伴随着互联网迅速成长。

第三次转变中提出的随需应变曾给一度低迷的 IT 产业带来了希望之光，IBM 重新诠释了 IT 与企业业务的关系，而自身也逐步实现由卖产品到卖全方位 IT 解决方案的过渡。

"协作创新"的提出也可以视作第三次转变的延续，对此 IBM 大中华区系统与科技事业部市场营销总经理徐淑燕解释说："对不断变化的市场，为获得灵活应变的运作能力，企业需要在不同部门之间，甚至整个供应链间，协同处理，共享资源。客户所关注的 IT 核心已经不仅仅是单个的技术或产品，而是希望用整合简化的 IT 系统实现随需应变的业务转型。这一需求势必引发 IT 基础架构的又一次变革，或者说一个协作处理的时代已经来临。"

十多年前让大象起舞的郭士纳曾对 IT 行业开放协作的趋势大胆预言："我敢打赌，未来芯片速度、软件版本、专有系统以及其他类似的东西都会衰亡。"十年之后这已经成为业界讨论的热点。那么，当 IBM 将"协作创新"提到战略的高度时，预示着又一场 IT 业界的变革暗流涌动。

三、内外兼修，加速转型

周伟焜先生对协作创新的具体领域解释说："有六个领域可以带来创新无限，它们是产品创新，服务创新，业务流程的创新，业务模式的创新，管理跟文化的创新，政策和社会创新。"这些领域的协作创新又包含两方面的含义，即企业内部的协作创新和企业外部或者企业之间的协作创新。对此 IBM 一方面推出面向其客户的协作生态系统，致力于部门间及部门内的协作创新，另一方面积极构建与客户、独立软件供应商（ISV）和 IBM 业务合作伙伴间的协作创新平台，加快整个产业的创新速度，从而为用户提供更好的解决方案。

前者包括：IBM System z9、网格计算、IBM System Storage 和 Total Storage、IBM System p5、IBM Virtualization Engine 和 Cell Broadband Engine 处理器。以 System 系列为例，它打破了现有 UNIX/Linux 最佳平台的 POWER 架构和 x86 架构系统平台界限，正如 IBM System p5 产品部大中华区总经理姜锡岫先生所说，体现出"IBM 不断协作创新和自我突破的实力，为客户体验科技未来插上了自由的翅膀"。

后者包括 Blade.org、POWER.org、Power 体系结构、IBM iSeries 创新宣言和深度计算学院的建立。例如，IBM 协同处理器、存储、网络、中间件以及其他领域的原厂商共同成立一个 Blade.org,希望通过这样的一个协作性的组织和开发人员团体,加速扩张刀片服务器解决方案以及刀片服务器生态系统的形成。又如,2004 年 12 月于北京宣布成立的 Power.org,致力于通过协作创新,推进 Power 微处理器技术及其应用。联盟自成立以来,已经吸引了 40 多家业界重要的厂商加入,包括半导体制成和电子设计自动化领域的部件开发商、系统和软件 IP 提供商以及 OEM 厂商。

通过以上两方面的努力,IBM 加速将构想与技术融合到突破常规的解决方案中,包括工程与技术服务、半导体加工厂解决方案、定制芯片解决方案、用于密集运算的深度计算解决方案等。

达尔文曾对所有生物的生存法则作出解释:那些能够生存下来的并不是最聪明和最有智慧的,而是最善于应变的。从随需应变到协作创新的 IBM 一定对此有着更深的理解,也必将以行动为这条法则写下新的注脚。

创新需要团队协作

巴拉克·奥巴马(Barack Obama)在美国大选中获得民主党的提名,这是竞选运动的一次突破。在这次竞选中,他的团队运用互联网和社会化网络站点募资并组织活动,颠覆了由政治权威选拔候选人的传统。他在竞选运动中的创新之举获得了一致的赞誉。

但管理者能经常求助于这些第一线的员工来改进其系统及流程吗？奥巴马的竞选班子运用社会关系管理软件来邀请其支持者——他们的第一线人员——去根据当地的情况因地制宜地组织相应的竞选活动。奥巴马让竞选班子致力于系统与流程的改进及与选民的互动,这是其深谋远虑之处,也是企业领导者们应该学习的地方:从选民的角度出发来思考客户;从竞选的角度出发来思考生意。

但难点在于:创新经常被误解。许多人认为创新只是极少数领袖人物的天赋才能。下面我们来看一下创新流程。

创新不是一个伟大的创意，而是一种流程。只有当创意能转化为产品或能显著改善效果的系统时，才能称之为创新。在创新流程中包括四个步骤及相应的主导角色。

1. 创造——万事皆起于创意，毫无疑问，每一个组织都需要新的创意来维持竞争力，以应对快速变化的世界。最具才能者不用去苦思冥想，他们可以在任何地方发现新创意。他们能从事物本身看到演变的趋势。当然，他们的创意并不都是优秀的，其中一些可能没什么用，但这并不会阻碍"创造者"，他们总能预见到未来。

2. 推进——许多伟大的创意因为没能实践被扼杀在萌芽状态。幸运的是，总有一些伯乐可以发现好的创意并付诸行动。这些"推进者"更多地注重于行动而不是创意，他们也具有互动交流的才能。他们具备向别人推销创意、获得支持以投入运作的能力。

3. 改进——在"推进者"们将创意付诸实践之前最好有一个周密的可行性计划。"改进者"往往扮演一个吹毛求疵的角色，提出一些诸如"倘使……将会怎样？"的挑战性问题。重要的一点是，应该让"改进者"集中精力于找出执行创意的可行性方案，而不是质问"为什么不可行"。"改进者"们的分析与关注细节的才能常常被低估，因为他们倾向于向"创造者"和"推进者"提出疑问，但在将新的创意付诸实践之前，一定要听取他们的意见。

4. 执行——伟大的创意不能产生创新性变革的首要原因之一是，缺乏持久的贯彻执行。要按部就班地执行——确保所有的团队成员一直尽职守责，这就需要"执行者"的才能。他们注重于每天的工作计划并确保其实施。只有当"执行者"完成了其职责时，整个创新过程才能算成功。

许多组织创新失败的原因在于领导者不了解包含了四个阶段的创新流程，以及每个阶段中对不同人才的需求。需求的不同，就决定了一个人不可能在四个阶段的流程中都出类拔萃，这就意味着创新要获得成功，就要基于团队协作，但并不是所有的团队都具备这些流程中所必需的人才。

头脑风暴
TOUNAOFENGBAO

一、生活处处有加法

饼干+钙片=补钙食品；
日历+唐诗=唐诗日历；
手表+跳日装置=跳日手表；
剪刀+开瓶装置=多用剪刀；
白酒+曹雪芹=曹雪芹家酒。

二、名人名言

1. 距离已经消失，要么创新，要么死亡。

——托马斯·彼得斯〔美〕

2. 致富的秘诀，在于"大胆创新、眼光独到"八个大字。

——陈玉书

3. 同是不满于现状，但打破现状的手段却不同：一是革新，一是复古。

——鲁迅

4. 人类的创新之举是极其困难的，因此便把已有的形式视为神圣的遗产。

——蒙森〔德〕

5. 想出新办法的人在他的办法没有成功以前，人家总说他是异想天开。

——马克·吐温〔美〕

6. 异想天开给生活增加了一分不平凡的色彩，这是每一个青年和善感的人所必需的。

——巴乌斯托夫斯基〔俄〕

7. 对新的对象必须创出全新的概念。

——柏格森〔法〕

8. 对于一个艺术家来说，如果能够打破常规，完全自由地进行创作，其成绩往往会是惊人的。

——卓别林〔英〕

9. 光看别人脸色行事,把自己束缚起来的人,就不能突飞猛进,尤其是不可能在科学技术日新月异的年代里生存下去,就会掉队。

——本田宗一郎〔日〕

10. 只有先声夺人,出奇制胜,不断创造新的体制、新的产品、新的市场和压倒竞争对手的新形势,企业才能立于不败之地。

——黄汉清

11. 非经自己努力所得的创新,就不是真正的创新。

——松下幸之助〔日〕

12. 如果你要成功,你应该朝新的道路前进,不要跟随被踩烂了的成功之路。

——约翰·洛克菲勒〔美〕

13. 能正确地提出问题就是迈出了创新的第一步。

——李政道

13. 企业的成败在于能否创新,尤其是当前新旧体制转换阶段,在企业特殊困难时期,更需要有这种精神。

——黄汉清

14. 保守是舒服的产物。

——高尔基〔苏联〕

15. 在创造家的事业中,每一步都要三思而后行,而不是盲目地瞎碰。

——米丘林〔苏联〕

16. 创新是科学房屋的生命力。

——阿西莫夫〔美〕

17. 想象力比知识更重要,因为知识是有限的,而想象力概括着世界上的一切,推动着进步,并且是知识进步的源泉。

——爱因斯坦〔美〕

18. 作出重大发明创造的年轻人,大多是敢于向千年不变的戒规、定律挑战的人,他们做出了大师们认为不可能的事情来,让世人大吃一惊。

——费尔马〔美〕

善于冒险

Part 4

　　回眸人类嬗变演进的历程,如果我们的祖先没有冒险和想象,没有勇于创新和敢于牺牲的伟大精神和壮丽情怀,人类就不会用独木舟去冲浪大海,去探索大洋对岸的无穷奥秘——因为那里可能是太阳的故乡,也可能生活着三只眼睛的巨人……

　　人类的好奇,催生了冒险的冲动;人类的冒险,点燃了创新的火炬。

第一章　你无法逃避

今日视点
JINRISHIDIAN

冒险，无处不在。没有冒险，就不会有创新，也不会看到更美的风景，也不会体验到不一样的幸福。

在我们的人生路上，总是经历无数的选择，在每一个决定人生去向的转折点，都有着很大的风险。虽然眼前可能有几条路，可选择哪一条都是一种冒险，一种尝试。如果选择原地不动，就等于放弃，等于失败。只有走出去，才会有收获，才会进步。

利益蕴藏在风险之中，危机蕴藏在安逸之中，有的人为了贪图安逸而终身摆脱不了思想的束缚，只能眼睁睁地看着别人成功，唯有那些敢于冒险、勇于开拓的人，才能领略生活中最险峻奇瑰的风光。生活是一种光荣的冒险事业。一早从床上跳下来就充满着战斗力，面对可能使自己沮丧的人或环境，采取积极的态度，那么问题就已经解决了一半。只要付出更多的精力，胜利就会提早来临。

课前热身
KEQIANRESHEN

【笑话】老妻:"你一大把年纪了,至今一事无成,你知道为什么吗?那是因为你一点冒险精神也没有!"老夫:"谁说我没有冒险精神?我不是娶了你吗?"

【点评】自然界每一个动物都是天生充满冒险精神的。冒险,贯穿整个生命的过程,没有一刻停止,直到生命终结。

婴儿,在地上爬的时候,很轻松,开始学习走路的时候,经常摔倒,是继续爬,还是坚持学习走路直到不摔倒为止,显然是选择后者。为了不一样的生命,就要承担一定的风险。

学习了之后,就要大胆地运用,这也是一种冒险,没有这种冒险,学得再多,都是白学。

谈恋爱,更是一种冒险。两个互不认识的人,从开始一点一点接触,到最后决定走进婚姻,一生的命运,就此改变,谁能说这不是在赌博?难怪有很多人说,婚姻就是一场赌博,风险系数太大。问题是,没有这样的冒险,哪来生活的乐趣、恋爱的美好呢?

【生活常识】有一天你在登山途中遇上了大雨,山洪即将暴发,这时洪流已经从山上滚滚而下,此时你正在半山腰,那么你怎样才能摆脱困境呢?

A. 收兵回到山下营地

B. 在原地躲在巨石后或爬上大树

C. 向山顶挺进

【专家建议】当你处在山洪暴发的半山腰时,逃离险境的最高原则是应当继续向山顶挺进,而决不能向山下跑。这是因为山洪暴发时,往往伴随着泥沙石倾泻,树木被冲倒,因此,越往下,夹杂着沙石的山洪就越猛烈,危险性就越大。所以,登山家有句名言:"没有一个山顶会有所谓的洪水。"另

一句格言也是同出一理："危险的中心比四周更安全。"所以应选C。

创新剧场

有人说：在蓝天探险的试飞是世界公认的极富冒险性的职业，试飞员被称为独具虎胆、叩问天门的英雄！他们就像是踩着钢丝的舞者，只有勇气与技艺俱佳才能完成令人叹为观止的演出。

干试飞这一行是宋义自愿的。

"来之前，你知道试飞这一行的风险性吗？"记者问。

"知道。但我愿意来。我不喜欢四平八稳的生活状态，喜欢有挑战、有创造性的工作。搞试飞，每天都接触新的东西，还能创造一种极限。说起试飞这个事业极富激情，具体到试飞这个工作，却极其理性。"

首飞，对任何飞机来说都极具里程碑意义。对于试飞员来说，亦是如此。世界上许多著名的试飞员都把成功首飞过什么型号的飞机作为自己实力的象征。所以，担任首飞的试飞员也被尊称为首席试飞员。

不过，荣耀有多大，风险就有多大，宋义很清楚这点。所以，当他要作为首席试飞员，担任国产某新型武装直升机的首飞任务时，他激动万分后，又冷静万分。

他首先总结借鉴以往试飞成功的经验，接着到其他试飞单位进行调研，再结合自己的实际，确定了"早准备、早进入、早发现问题、早解决问题"的工作思路，深入到试制、试验现场，与技术人员一起仔细研究各种特情，有针对性地进行预想预防，并制定出相应的处置预案。

有这样的激情加理性，首飞不成功没道理。

宋义说："'明知山有虎，偏向虎山行'，那是武松喝了十八碗酒才干的事。我们搞试飞的,就得想各种办法避开'虎'。试飞人员不是不怕死,对于死亡人人都害怕,要规避死亡就要多想办法,过硬的本领和心理素质就是规避死亡的办法。"

直升机试飞没有弹射逃生装置,一旦出事,几乎没有逃生的可能。直升机是低空飞行,与地面障碍物和飞鸟相撞的可能性更大,而且遇到特情,处置时间非常短。因此,宋义每一次成功处置空中特情后不是欣喜万分,而是把自己关在屋子里冷静分析,仔细琢磨究竟是哪个环节出的问题,下次怎么规避。有时一关就是一整天。

2006年,厂方工人将自动驾驶仪中两根电线接反了,差点导致一次机毁人亡的事故。宋义琢磨后,向厂方提出"接线头防手插错设计革新方案",从根本上避免了连线错接。

宋义在飞行前布置任务
新华社 王楠楠摄

在一次对某型直升机发动机安全性试飞中,该机右侧发动机尾喷管5个固定支点中的4个支点接连完全脱落,尾喷管仅有一端与发动机相连,随时都有分离的危险,试飞被迫中止。试飞是个系统工程,是试飞员操作不当,还是研究所设计有问题,或者是工厂安装失误?各种可能性搅得宋义一夜未眠。

经过数天的反复分析研究,宋义最终判定是尾喷管固定的设计存在缺陷。他把自己的分析连同改进方案一并交给了研究所。

"我们不能白白历险,每一次历险都要成为教科书。"宋义告诉记者,他看有关飞行员或飞行部队的新闻报道,专门看人家遇到险情时是怎么处置的,再对照自己,琢磨"我要遇到那事该怎么办"。

滴水藏海

2008年3月26日,重庆市交管局、教委、运管局等部门下发了《关于加强春季道路交通安全的通知》,要求市内各级教育部门要督促辖区的中小学校不得组织学生、教师集体出游,并加强交通安全教育。

为保证春季学生人身安全,重庆市各级教育部门禁止中小学组织学生、教师集体出游,同时严禁校车用于春游、扫墓活动和跨区线运行。据了解,这是重庆市首次明确禁止学校组织春游。

【分析】确实,学校组织学生游会带来一定的风险。风险在于"万一"。万一学生在活动中出了事情,学校将承担严重的后果。任何事情都有"万一",关键在于我们如何看待这个"万一"。走路都有危险,难道我们就不走路了吗?因为和走路面临的危险相比,走路的价值远远大于那点危险。

四川黄龙美景

那么,学生游和"万一"的危险相比,哪个更有价值呢?这是个谁也无法说服谁的问题,在此不作讨论。然而,值得我们深思的是,我们是不是太缺乏冒险精神了?是不是太胆小了?是不是对安全太"重视"了?在满足学生的精神追求上,我们是不是太畏首畏尾了?是不是怕"万一"的安全事故怕到神经过敏了?

其实,和可能会面临的"万一"安全事故相比,组织学生游还是值得的。讲得远一点,学生游可以提升学生的素质。体育活动还可能受伤,难道就取消体育活动吗?难道我们不能有一点冒险精神?

当然,如果组织学生游,还应做好以下几个方面的工作:

第一,尽量做好安全保障工作。

第二，和家长讲清楚，组织学生游本来就有一定的安全风险，家长如果同意让孩子出游，要写下书面同意材料。

第三，因为学生游是提升学生精神生活质量的一种方式，所以学校要在这方面做好文章，要引导学生好好感受出游过程中的乐趣，领略祖国大好河山的美丽，体会各种人文景观的内涵，增进同学之间的感情，培养师生间的信任，等等。不要让一个难得的机会白白浪费。

学校也需要勇敢，不要为了省心就停止学生游或夏令营等极有意义的活动。只要在活动中做好工作，相信能取得成功。

智慧宝盒
ZHIHUIBAOHE

人的生命从本质上说就是一次探险，不是主动地迎接风险的挑战，便是被动地等待风险的降临。很多时候，成功都是与风险同时存在的。如果你不敢冒风险，就会错过很多人生重大转折机遇，更不会有出人头地的机会。中国有句俗话说："舍不得孩子套不着狼。"所以，不要让恐惧阻挡你的前进，那些希望一生都不会有风险出现的人只能让自己的人生平淡无奇，毫无建树。

生活中处处都存在着种种危险：过马路要冒着被车撞倒的危险；想摘下树上的桃子，必须冒着爬树摔下来的危险；灌热水时要冒着被水烫伤的

危险。但如果因为怕车撞而不敢过马路，这样的人能有什么出息？不愿担风险的人永远超脱不了平庸。相反，如果青少年可以摆脱失败恐惧感的束缚，就能发挥出他自己都难以预料的潜能。

意气风发的青少年们，很多人都想有所作为，但很少有人敢于冒风险，而通向成功的机遇常常和风险同在。其实很多人平平无为的原因，并不是没有机会，只是缺少一种冒险的精神。他们认为不

可能的事，就不敢去尝试，他们害怕困难，害怕挫折，害怕有风险，于是总是在犹豫徘徊之间拿不定主意，错失一次次的良机。一个想成功的人，一定要先摒除规避风险的习惯，重新拾回退化的冒险本能，进而培养自己健康的冒险精神。

从婴儿迈出第一步到人类在月球上留下第一个足迹，无一不是在冒险。如果干这个怕违背祖训，干那个又怕没有先例，那还有什么改革创新可言？哥白尼的天体运动论、卢瑟福的原子结构模型、新大陆的发现和开垦、人类的一系列发明和创造、社会变革……皆始于冒险。当然不冒风险固然可躲开风险，但明显的险情往往连同机遇一起消失了，所以青少年在生活中要勇于冒险、争取胜利。

奥运会会徽大胆创新设计惹争议

伦敦奥组委4日在伦敦正式发布经国际奥委会批准的2012年伦敦奥运会会徽。

会徽由分别代表2012这4个阿拉伯数字的几何图形组成，其中在左上角代表2的几何图形上标有"伦敦"字样，在右上角代表0的几何图形上标有"奥运五环"标记。

据伦敦奥组委主席塞巴斯蒂安·科介绍说，该会徽象征着"活力、现代与灵活，反映了一个崭新的、丰富多彩的世界，在这个世界上，人们特别是年轻人不再处于静止状态，而是用新技术和新媒体网络武装起来工作"。

【请你亮相】

A. 我赞同2012年伦敦奥运会会徽的设计,因为:

B. 我不赞同2012年伦敦奥运会会徽的设计,因为:

第二章　都是"大胆"惹的祸

今日视点
JINRISHIDIAN

　　勇于冒险求胜,你就会做得更多更好。但是敢于冒险不等于蛮干,而是建立在正确的思考与对事物的理性分析上。冒险精神不是赌徒的孤注一掷,不是意气用事的"蛮干精神"。哥白尼提出"日心说",是以特别雄厚的天文知识为基础的;麦哲伦之所以敢环球航行,是以地圆学说为基础的,是罗盘用于航海后的举动。中国的改革是史无前例的,其中的误区不少,风险也很多,但收获也是巨大的。也就是说,我们提倡冒险并不代表鼓励你做出盲目的行为,而是教你学会一种突破常规的手段,它仍是建立在一定理智基础上的。

课前热身 KEQIANRESHEN

【小测试】

现代社会竞争异常激烈,若没有冒险精神首先就失掉了一半的生存空间。但盲目冒险就可能惨遭失败。你知道下列问题中哪个选项属于盲目冒险吗?

1. 你愿意跳伞吗?
   A. 只有在紧急的情况下
   B. 如果是为了慈善事业而举办的义演
   C. 只是为了娱乐

2. 度假时选择去什么地方?
   A. 去以前去过的地方
   B. 去一个有名的游人常去的地方
   C. 专门挑选一个少有人去的地方

3. 有人向你挑战,让你留在一个据说有鬼的屋子里,你怎么办?
   A. 拒绝
   B. 只要有其他人和你在一起就答应
   C. 想都不想一口接受

4. 要是有人在国外给你提供一个生活环境,你愿意去吗?
   A. 不
   B. 只要是短时间的就愿意去
   C. 去

5. 进餐馆以后,你一般怎么点菜?
   A. 点以前吃过的菜
   B. 小有变化
   C. 点以前没有吃过的

6. 如果你身体上长了一个肉瘤,你怎么办?
   A. 把它彻底查清楚

B. 为它是不是什么病变而琢磨、忧虑
C. 不理会它

盲目投资酿惨剧

据经济之声"天下公司"报道,2012年3月22日下午一点钟左右,浙江杭州的午潮山山脚下,突然传来了一声类似鞭炮爆炸的闷响,但是后来人们发现,这声闷响其实并不是鞭炮爆炸,而是一声枪响。杭州籍的中年男子陈卫民,举枪结束了自己42岁的生命。

陈卫民是杭州两家公司的董事长,一家是以投资和贸易为主的浙江缘信实业有限公司,另一家是杭州雅缘影视制作有限公司。陈卫民家庭条件优越,家里有不少豪车,自己经常开的是一辆奥迪A8,可以说是一位衣食无忧的富翁。那么,他为什么会选择走上不归路呢?

据警方初步查明,陈卫民因为投资影视制作失败,欠下了巨额债务无法偿还,才发生了这一幕悲剧。目前警方已经认定,陈卫民确实是自杀。

陈卫民原本从事进出口贸易,2010年,影视制作行业在浙江风生水起,许多有钱人都从天南地北赶到浙江创办影视公司。在这股热潮的感染下,陈卫民于2010年4月成立杭州雅缘影视制作有限公司,注册资金达2800万。他在接受媒体采访时,曾表示自己决定进军影视产业的原因,是看到政策扶持力度大,还能享受一定的税收优惠,所以就决定试试。

据了解,浙江的影视公司拍出的电视剧如果能在央视一套、八套的黄金时间播出,就能得到政府的现金奖励。有知情人士对"天下公司"说,更大的优惠政策是政府可以给企业退税。在浙江开影视公司可以享受在横店的优惠,比如说租借场地可以以比较低的价格拿到,可能因为地方保护,横店是很多温州人开的,所以会有场地租借的优惠。还有比如说,他们的剧组不是常年都驻扎在那里,人工费用、群众演员的费用都可以节省很多。另外,国家对于浙商有一个返税的政策,意思是如果剧播了,播得好,比如说上星了,就可以把当年交的税减免、退还。

正是由于有这样的扶持政策,这两年浙江成立了大量的影视公司,截至2011年1月18日,浙江省已经注册的影视公司就已经多达624家,这个数字仅次于北京。有人说,当时在浙江,不管是挖煤的,搞IT的,还是造房子的,统统都进入了影视业。

陈卫民2011年接受媒体的采访,表示说他想扎扎实实地做影视,将来打算让自己的公司像华谊兄弟一样上市。但其实,想在这个行业里赚钱并不容易,北京天创影视总裁石立斌就谈到了现在影视投资的风险:说实话非常难,这个行业里赚钱的目前来讲并不多,毕竟是少数,而且有好多有炒作的嫌疑。把生产量和发行量一对比就能知道,也就是有百分之十几的片子能发出去,剩下的没有发行的渠道,就得等。荧屏的数量是有限的,包括电影院线一年的放映数量是有限的。

横店很多影视公司其实就是挂个名头,它们真正的作用是帮助从外地来拍片的公司走账避税。包括许多原来在这里打拼的温州商人都已经对这个行业失去信心了。温商金少初说,现在许多温州商人已经不敢随便进入影视业了,但陈卫民不是这样。他的公司一开张,就斥资上千万,请来黄圣依、朱孝天等明星拍了一部名为《没有承诺的爱》的电视剧。另外还拍了一部《乱世情缘》,总投资也超过千万。然而,这两部电视剧最终都没有上映,陈卫民在影视上投进去的数千万资金也就等于打了水漂。知情人士透露,陈卫民对影视行业几乎完全不了解,对于他这样的外行来说,投资影视剧的风险是极高的,是投资的盲目性导致了他的失败。

 **滴水藏海**
DISHUICANGHAI

选择职业学校是你理智的选择！

近年来,面对普高热持续升温、职业类学校生源日趋紧张的严峻形势,职业院校的领导应审时度势,运筹帷幄,适时提出"抓管理要质量,抓招生促就业"的工作思路,内强素质,外树形象,不断强化学校内部管理,加大校企合作的力度,使学校的社会信誉度和美誉度不断提升。

【分析】青年学生对自己的前途和命运进行过深刻的思索,已经有了成熟的心智和思维,对自己的未来以及发展方向会作出正确的抉择了。根据自己的实际情况,避免好高骛远,避免无谓的损失,走一条符合自己实际情况的发

展道路——选择职业学校,同样能走向成功。如今,职业教育的发展为广大青年开拓了一条更为便捷、更为经济和广阔的人生发展道路——良好的发展前景、良好的就业机遇、良好的工资待遇,可以早就业、早立业、早创业——这一切已经成为职业学校吸引广大热血青年的闪耀亮点,这就是我们所要尊重的"理智冒险"。

随着我国进入"工业时代",社会对人才的需求越来越大:不仅需要科学家、高科技人才,更需要大量专业技术人才和拥有一技之长的高素质社会主义建设者。教育部门公布的"人才市场调查报告"指出:每年我国普通大学毕业生的就业率为60%左右,而中职毕业生就业率为98%以上;白领阶层已经趋于饱和,很多大学毕业生重新走进职业学校学习专业技术,而一个高级技工的工资待遇比一个本科生的工资待遇还要高。当前,我国的就业状况是:技术工人供不应求,高级技工"千金"难求。这是当前我国教育发展的大趋势,也是就业、创业的大环境。此外,国家将逐步实行劳

动准入制度,职业技术从业人员必须凭至少是中等学校的毕业证和技术等级证上岗。可以说"少才无证就业难,无才无证难上难",这是不争的事实,大家都很清楚。

智慧宝盒
ZHIHUIBAOHE

冒险,本就属于我们生活的一个部分,因此不要故意花费太多的时间去逃避。过度地畏惧,会造成自己的不愉快和缺乏自信心。但同时,一味愚昧地冒险或极端地冒险,同样是"自取灭亡",一旦失败了,情况甚至比完全没有努力过更糟。所以,我们要成功,就需要"理性地冒险"。

理性地去冒险,就像拟定目标一样,必须要合理可行,必须以智慧的脚步,冲破一切困境。我们必须时常尝试某些新事物,学习新事物便如同冒险一般,须仔细研究、试验,并求助于过去也曾做过同样的事情的其他人,以获得宝贵经验。

当因冒险行为产生压力时,不妨保持我们原本的立场,慢慢地将这种压迫感驱除,并考虑是顺其自然,还是继续尝试冒险。

冒险的目的在于扩展我们的视野,去做我们能做的事。而聪明地、理性地冒险,将使你觉得更有自信心、更有勇气和更能掌握一切。简言之:冒险+理性=成功。

在20世纪60年代中期,美国耶鲁大学的一位血气方刚的毛头小伙子写了这么一篇论文。文中阐述了他关于在全国范围内建立一种连夜递送邮包的快递系统的设想。但这篇具有远大眼光和基于科学分析的冒险精神的论文,却从评分教授那里得了个"差"评,理由是:这个年轻人的想法不切实际。年轻人不认为自己的设想是天方夜谭,自此开始寻找实现梦想的机会。1969年,服完兵役的他开始创业。先是收购一家破产企业,完成原始积累,然后凭借家族的庞大资金支持,甘冒天下之大不韪,建立了有史以来第一家航空快递公司。当时邮递运输业的许多资本家都不看好他的快递公司,不仅投入资金大,利润空间少,而且社会上对当时的运输服务也抱不信任态度。正是这些种种的原因,才使这个新行业举步维艰,初期营运持续亏损。仅一年时间,公司亏损近2000万美元,许多亲朋好友劝他撒手,他都坚持咬牙挺住。他深信,随着科技的发展,渴求高效快递的服务行业一定会有极其广阔的发展前景。因为如果人们确信自己拥有的价值很高而又易损的包裹能在第二天早上被安全送到目的地,他们是愿意出高额快递费的。眼下的公司亏损是因为参与快递的小包裹多,大客户少。随着公司信用度的升高,需要快递贵重物品的大客户势必会越来越多。果然,5年后公司转入盈利,1985年,总资产达到51.83亿美元。从此,弗雷德·史密斯,便是全球最大的快递公司联邦快递的创始人,以甘冒天下之大不韪的冒险精神和传奇经历,当之无愧地成为当今成就最大的企业家之一。

"在冒险家和懦夫之间,有一条踏踏实实的路
属于中国载人深潜"

随着大陆资源日益枯竭,海洋正在成为人类解决资源短缺问题、拓展生存发展空间的战略必争之地。60多年来,人类深海探险随科技进步而不断发展,人类对探知深海的渴望也推动了深海技术的不断创新,并促使深海技术装备不断走向成熟。

据了解,目前全世界投入使用的各类载人潜水器约90艘,其中下潜深度超过1000米的仅有12艘,更深的潜水器数量更少,目前拥有6000米以上深度载人潜水器的国家包括中国、美国、日本、法国和俄罗斯。

而中国"蛟龙"从2002立项伊始,到2009年开始1000米级海试,直至今日7000米级海试,只用了10年时间,走完了国外同行们用了近60年才走完的路。

"我们不是冒险家,不是赌徒,也不是无所事事的懦夫和胆小鬼。在冒险家和懦夫之间,有一条踏踏实实的路是属于我们的。"这或许可以称为"蛟龙"号海试团队的座右铭。

【请你亮相】
你怎样理解他们的座右铭呢?

第三章　无限风光在险峰

今日视点
JINRISHIDIAN

创新是一种对未知世界、未知领域的探索性活动,这种探索没有现成的道路,没有现成的方法,更没有阳光大道。这其中,既有对成功的期盼和执着追求,也有失败的煎熬和痛苦。然而,创新却是推动人类社会快速发展的动力,是人才脱颖而出的摇篮。

既然创新是一种对未知世界、未知领域的探索性活动,那么,它就要求从事创新活动的青年们具有拼死吃河豚的气魄,具有不畏艰难、勇于攀登的冒险精神。只有拥有一颗敢于冒险的心,人生才会多姿多彩;只有拥有一颗敢于冒险的心,才能体会"一览众山小"的惊喜。

 **课前热身**
KEQIANRESHEN

2007年年底,浙江省德清县乾元镇幸福村的牛蛙养殖户蔡思杰特别高兴,在他的带动下,已有十多位村民搞起了牛蛙养殖,而他们组建的该县首家牛蛙专业合作社——乾元镇苕溪牛蛙专业合作社也于日前经过有关部门的审批正式成立。

今年37岁的蔡思杰初中毕业后就当了一名工人,后来一次下海经商让他亏损了近20万元,为了还清债务,蔡思杰经营过副食品店,做过各种小生意。在商场经历过大风大浪的他在三年前作出了一个出人意料的决定:回家养殖牛蛙。当时,正值牛蛙市场行情低迷期,一千克牛蛙只能卖到七八元。一些牛蛙养殖户都在缩小规模,而蔡思杰却毅然投资了一万多元搞起了牛蛙养殖。因为他相信:有危机就有商机。功夫不负有心人,经过两年多的摸索,蔡思杰已从门外汉变成了半个牛蛙养殖专家。

【胆量测试】

传 牛 蛙

准备:老师课前准备一只牛蛙放在纸盒中。

传牛蛙:老师明确告诉学生牛蛙无毒且不伤人。然后老师随机选取一组学生,要求第一个学生用手将牛蛙传递到下一个学生,依次传递,直至传递到本组最后一个学生。呵呵,你敢尝试吗?老师可要多鼓励哟!

创新剧场

他出身在意大利威尼斯近郊的一户贫苦农家。2岁那年,"一战"爆发,一家人被迫逃往法国。为了养家糊口,无一技之长的父亲不得不冒险上雪山采集冻冰,卖给城里的大户,以赚取微薄的收入。

14岁那年,母亲病重,家境举步维艰。他辍学去裁缝店当学徒。两年不到,他的手艺便声名远播。为了图谋更大的发展,他决定去巴黎寻找机会。此时,"二战"的硝烟正在巴黎上空弥漫,命运之神又一次把他推向悬崖的边缘。

直到"二战"结束,23岁的他才骑着自行车来到巴黎,受聘于"帕坎"时装店做设计。次年,他又转到了著名的"迪奥"时装公司。迪奥是当时法国最著名的服装大师。在这里,他眼界大开、获益匪浅,并很快得到了迪奥的器重,被任命为公司主要负责人。

然而,正当他生活安定、事业有成时,却提出要离开"迪奥"单干。朋友说他是疯子,因为在巴黎,迪奥的霸主地位无人能撼。单干,岂不是以卵击石?

就在1950年,他不畏风险,毅然离开了迪奥,用全部的积蓄买下了"帕斯科"缝纫工厂,并租了一个店面,开办属于自己的公司。

1953年,他第一次推出了自己的女装设计。他设计的时装式样新颖、造型独特,极具浪漫情调,在巴黎引起了强烈反响,获得了巨大的成功。

当时,法国时装只为贵妇名流而做,顾客有限,限制极严。而战后的法国,经济迅速复苏,大批妇女走出家园,融入了社会生活。他敏锐地捕捉住这一商机,大胆提出"成衣大众化"的口号,标榜要为平民妇女设计时装。

此话一出,在业界引起了轩然大波,惹怒了保守而又嫉妒的同行,他们群起而攻之,并将他逐出巴黎时装女服辛迪加。

面对世俗的偏见,同行的嫉妒,他没有屈服,没有退缩。事实证明,他的判断是正确的。他不但改变了服装的走向,而且对世界经济、消费结构都产生了深远的影响。

1959年,他不顾业界行规,大胆举办男装系列时装展示会,以打破女装一统天下的格局。

站在风口浪尖的他再一次激怒了保守派,结果,他被赶出了服装业的"顾主联合会"。但令保守派们不解的是,他的冒险又一次成功了。

然而,极富冒险精神的他并没有停止前进的步伐,疯狂的举措再次令世人震惊。

1978年,刚刚经历过一场浩劫的中国大地春寒料峭,他竟大胆提出去中国开拓服饰市场。人们纷纷前来劝阻:"中国实行社会主义,你代表资本主义,两者合作是不现实的。"有人甚至嘲笑他:"中国没有时装,只有灰黑一色的衣服,他们不会掏给你一分钱。"但是,他始终坚持

上世纪80年代初皮尔·卡丹在中国

自己的判断:"一个拥有10亿人口的国家,就是给每个人衣服上钉10个扣子,就是100亿个啊!"

次年,他的时装展如期在北京举行,这是有史以来第一个外国人在中国举办的时装展。

虽然他的"中国时装心"遭到冷遇,但他并没因此而退却。几经努力,他终于敲开了中国这扇古老的大门,赚得盆满钵满。

今天,他的商业帝国早已遍布世界各地,产品涉及家具、灯具、装饰品、日常用品,甚至还有通讯、电子、汽车和飞机等。

是的,他就是集设计大师与商业巨头于一身的皮尔·卡丹。

他绝对是一个传奇人物。他的传奇不仅在于让服装艺术走进百姓生活,而且在于他的冒险精神和创新意识,在于他的孜孜以求和永不言败的信念。

是什么成就了皮尔·卡丹传奇的一生呢?"大胆创新,勇于冒险,而后付诸实践,这就是我的成功秘诀。"

滴水藏海
DISHUICANGHAI

1991年,在温布尔登举行的网球锦标赛女子组半决赛中,17岁的前南斯拉夫女选手塞莱丝与美国女选手津娜·加里森对垒。随着比赛的进行,人们越来越清楚地发现,塞莱丝的最大对手并非加里森,而是她自己。赛后,塞莱丝垂头丧气地说:"这场比赛中双方的实力太接近了,因此,我总是力求稳扎稳打,只敢打安全球,而不敢轻易向对方进攻,甚至在加里森第二次发球时,我还是不敢扣球求胜。"

而加里森却恰恰相反,她并不只打安全球。"我暗下决心,鼓励自己要敢于险中求胜,决不优柔寡断,犹豫不决。"津娜·加里森赛后谈道:"即

使失了球,我至少也知道自己是尽了力的。"结果,加里森在比赛中先是领先,继而胜了第一局,后来又胜了一局,最终赢得了全场比赛。

【分析】

冒险与收获常常是结伴而行的。险中有夷,危中有利。要想有卓越的结果就要敢于冒险。许多成功人士不一定比你"会"做,重要的是他比你"敢"做。有限度地承担风险,无非带来两种结果:成功或失败。如果你获得成功,你可以提升至新领域,显然这是一种成长;就算你失败了,你也很快可以清楚为什么做错了,学会以后该避免怎么做,这也是一种成长。

事实上,生活中适当尝试冒险,有助于培养个人不满足于现状、勇于进取的精神,也有利于提高个人对环境变动的敏锐感。一个人往往在冒险并盘算着该做什么时,成长最快。一位日本专家指出:人类在长期的历史过程中,学到了很多智慧,也拥有了很多智慧,这能使人有更大的冒险的可能性。但是,即使有可能性,也不能断定所有的人都敢于去冒险。

漫漫的科学探索之路,充满关隘、凶险和迷茫,而冒险精神如披荆斩棘之剑,为科学开辟了一片光明前景。冒险精神是人类不断前进的精神支柱,它是许多科学家研究和探索各种未知领域所具有的重要的科学精神。

人类的冒险精神,始终是科学发现的最重要的动力。美洲发现新大陆,是哥伦布海上探险的结果;镭的发现,原子弹爆炸成功,是科学家冒着生命危险无数次试验所取得的成绩;美国毒蛇专家海斯德为了发明一种抗体,在自己的身上注射了28种蛇毒,每注射一次,他都要忍受极大痛苦的折磨,经受一次生与死的考验,正是他敢于冒险的勇气和毅力,支持他攻克了科学的堡垒。正如福特汽车总裁菲利浦所言,"假若缺乏冒险精神,今天就没有了电源、镭射光束、飞机、人造卫星,也没有盘尼西林和汽车。成千上万的成果将不可能存在。如果生活在一个没有冒险的世界里,我们必将面临重重危机。"

　　冒险必须勇于承受挫折和磨炼。徐霞客就是典型的一位。在漫长的岁月里,他不知疲倦,不畏艰险,在祖国各地进行实地考察,所到之处多是人迹罕至的地方,但他毫不退缩。遇上奔流急湍的江河,没有桥梁,就泅渡过去;遇到陡峭险峻的危岩高峰,披荆斩棘也一定要登上顶峰;遇到深邃莫测的洞穴,他决不轻易放过,哪怕是像蛇似地爬行,也要对洞穴里外弄个清楚明白;饿了便找野果充饥;狂风暴雨、豺狼虎豹、盗贼土匪都不能阻止他继续前进。最终,敢于冒险的精神使他创作出了闻名于世的杰作。

头脑风暴
TOUNAOFENGBAO

调查显示大部分大学生缺乏创业冒险精神

　　中新网东莞3月18日(李映民　赖颖君　曾嘉亮)　记者最近在东莞理工学院城市学院就创业就业问题作调查时发现,近70%的学生没有投身创业的意向,而部分想创业的学生纷纷表示要积累一定经验后再看情况决定。

　　东莞市凤岗镇政府今年计划划拨180多万元作为学生创业就业基金,但凤岗镇政府相关负责人表示,从上年暑假到现在,申请创业就业基金的学生人数跟预期的人数有些出入。"感觉现在的大学生比较缺乏冒险精神。"该负责人惋惜地对记者说。

【请你亮相】

你同意上述观点吗？说说你的理由。

第四章　长路漫漫伴你行

今日视点
JINRISHIDIAN

当今时代,科学技术革命突飞猛进,经济全球化日益加快,各国之间的竞争日趋激烈。激烈的竞争是推动创新的强大动力。从人类历史长河看,创新的速度愈来愈快。一个国家在创新上落后于时代,就会陷于被动挨打的境地。一个没有创新能力的民族,难以屹立于世界先进民族之林。创新就要大胆,就要冒险。不大胆,不冒险,四平八稳,前怕狼,后怕虎,那就不可能有创新。作为祖国未来的青少年要冲破怕担风险、一味求稳的保守主义的社会心理,大力提高冒险精神、探索精神和创新精神。只有这样,我们的民族才能有虎虎生气,才能不断开拓创新,在激烈的竞争中屹立于世界先进民族之林。

课前热身
KEQIANRESHEN

神舟载人飞船三舱结构设计上有创新

2003年10月15日9时,我国神舟五号载人飞船在酒泉卫星发射中心发射成功,把中国第一位航天员杨利伟送上了太空。神舟五号的飞行是我国首次载人航天飞行,是继"两弹一星"之后,我国航天史上的又一次重大突破,使我国成为继美国和俄罗斯之后,世界上第三个掌握载人航天技术、成功发射载人飞船的国家。

2005年10月12—17日,神舟六号载人飞船又进行了第二次载人航天飞行任务,将聂海胜、费俊龙两名航天员安全送入太空。2008年9月25—27日,神舟七号飞船将翟志刚、刘伯明、景海鹏三名航天员送入太空,翟志刚首次进行了出舱活动,成为我国在太空行走的第一人。2012年6月16日18时37分,神舟九号飞船在酒泉卫星发射中心发射升空。2012年6月18日神舟九号与天宫一号实施自动交会对接。2012年6月24日,刘旺在景海鹏与刘洋的配合下,成功执行手动载人交会对接任务。这是中国实施的首次载人空间交会对接,标志着中国较为熟练地掌握了自动交会对接技术及载人航天技术的进一步成熟。

航天飞船在太空中完成任务后,如果整体返回,飞船的重量和体积很大,技术难度增加。因此,为了减少飞船返回时的重量,飞船不是做成一个整体,而是分舱段。早期的飞船设计都是采用"两舱"设计,也就是

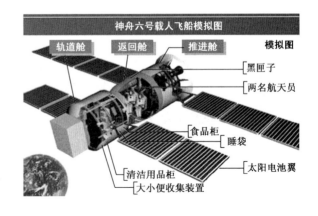

说只有返回舱和推进舱。美国和俄罗斯在载人飞船的发展中,已经积累了大量的经验。我国神舟号载人飞船在设计上,跨越了早期的"两舱"设计,直接采用了"三舱"设计方案。"三舱"方案在原有的推进舱和返回舱之外,增加了一个轨道舱。飞船在太空中飞行时,航天员可以把轨道舱当作工作舱和生活舱,增加了活动空间。航天员在返回时进入返回舱,飞船与轨道舱分离。神舟飞船的最大创新是功能上的创新,是将留在太空中的轨道舱当作一个空间飞行器来使用。这是从我国国情出发而进行的一项技术创新。

【请你亮相】
请你举例谈谈我们国家在其他科技方面的大胆创新。
_____
_____
_____
_____

一个由英国科学家领导的小组正计划执行一项空前的钻探计划:打穿地壳,首次直接获取地幔物质样品。这种大胆的想法可能比不上凡尔纳小说中的《地心游记》,但是确实已经达到了我们目前能力的极限。

这项工程将面临艰巨的技术和资金挑战,因为这意味着他们必须在茫茫大洋上向下进行钻探,打穿5英里(8公里)厚的海床地层,并克服高达近300摄氏度的地下高温。而且一旦抵达地幔层附近,钻头部位将面临巨大的压力,此处的压强高达每平方英寸400万磅,约相当于每平方厘米的面积上要承受28万千克的压力。

科学家们希望借助这一项目,能够实现地幔取样,并带回地面进行分析,以便能更多地了解地球的性质和起源。

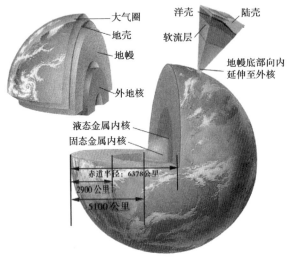

这项冒险的计划非常容易让人想起1959年拍摄的科幻电影《地心游记》。在这部电影中，一支由帕特·伯恩率领的探险家小队从冰岛的火山口进入，一直向下，抵达了地球深处。

当然，现实中的钻探不可能真正抵达地心，而只能勉强抵达地幔层。这是一层巨厚的圈层，厚度达2800多公里，将地壳和地核分隔开来。不过尽管我们似乎只是钻探了一点皮毛，但却已经是人类历史上首次抵达地幔的深度。

这项计划是最近由南汉普顿的英国国家海洋研究中心戴蒙·蒂戈博士，以及法国蒙贝利耶大学的贝诺特·伊得冯斯博士宣布的。

之所以他们对直接获取地幔物质那么感兴趣，是因为地幔是地球最大的岩石圈层，因此很可能提供很多有关地球岩石圈的关键信息。业内的很多专家甚至将地幔样品和阿波罗计划取回的月壤样品相提并论，因为它们都能为我们提供有关我们过去历史的线索。这样的钻探过程还能告诉我们更多有关莫霍面（地壳和地幔圈层之间的分界面）性质的信息，并帮助解答地震为何发生，以及如何发生的问题。

蒂戈博士认为，地球上最容易向地幔进军的地区是大洋深处，因为这里的地壳层相对较薄，便于尽快抵达地幔层。

这一项目面临的技术挑战是巨大的，显而易见的。钻头在钻进过程中将无法配备并行的上升管，而配备上升管是一项钻探工作中常见的安全保护措施，用以排出地下可能存在的危险气体。

另外，一旦取得样品，还必须设法将海水压入钻出的孔中，这就需要施以足够大的压力，以便使样品能被顺利提升上来。

在此之前，人们也曾实施过向地幔钻探的计划，如1960年代的"莫霍面计划"，只是后来因为组织不力和资金问题而宣告失败。

人们之前对于地球内部样品的获取和分析只能依靠间接的途径,如火山爆发时喷出的岩浆等。

蒂戈博士和他的小组现在正在进行积极的选址和其他准备,他们希望在太平洋上找到一处合适的地点,并计划在2018年前完成各项准备工作。

滴水藏海 DISHUICANGHAI

2012年首场比赛,刘翔以7秒41打破亚洲纪录的成绩获得了伯明翰室内赛60米栏的冠军。8步改7步,成为这场胜利的关键词。赛后在记者专访中,刘翔坦言,自己已实现承诺。他说:"我曾经很快,现在也可以很快。事实证明,我回来了!"

【分析】对于中国飞人的这一大胆尝试,从长远计,这种改变既是大胆的,也是值得肯定的。

可以说,刘翔的成功是孙海平训练水平达到国际标准的结果。但对于翔之队来说,每个人都清楚7步起跑对于运动员的身体力量要求非常大。当今110米栏的两位顶尖选手——罗伯斯和奥利弗就是7步起跑。亚洲运动员先天身体机能稍逊于黑人运动员,训练7步起跑的难度可想而知。

凡是刘翔的比赛,进入栏间之后刘翔很快表现出自己超人一筹的技术能力,与身边对手不断打栏撞栏相比起来,刘翔身前的栏架一直是纹丝不动,他在栏间的技术优势此时得到了很好的体现。但起跑的速度,则似乎成为刘翔的一个死结。为突破自己,为了挑战罗伯斯,刘翔使出了杀手锏。

对于刘翔这看似冒险的举动,许绍连在微博上表达出自己的看法:"刘翔将自己的上栏动作由8步改为现在的7步,说明了一个问题:刘翔已经无法接受目

前为罗伯斯等人压住的现实,决定创新突破了。在这个改变的过程中固然难免存在着不为我们所知的风险,但是,从长远计,这种改变既是大胆的,也是值得肯定的。原因很简单,对于刘翔,国人的期望往往只有一个,那就是冠军!"

刘翔在兔年的比赛中暴露出了一些问题,无论是预赛还是决赛,起跑都处于落后位置。对于刘翔来说,眼下的成绩并不重要,找到大赛感觉、练习听枪起跑才是真正目的,但为了能够尽快回到巅峰状态,刘翔决定不走寻常路。

智慧宝盒 ZHIHUIBAOHE

当谈及风靡全球的苹果公司时,人们的脑海中会立刻浮现出那个特殊的标识:一个被咬掉一口的苹果。在这个苹果面前,一切所谓的明星产品都会黯然失色。每当苹果公司发布一款新产品,不仅有"果粉"们为其疯狂,媒体争相报道,而且还能影响股市走势,甚至影响产业未来的发展方向,这就是苹果式创新的魅力。而这个被咬掉了一口的苹果,也象征着苹果公司的企业文化与设计理念:在基督教教义中,正是亚当和夏娃冒险偷吃了苹果,才有了人类的繁衍生息。苹果有禁果之意,但同时也象征着冒险的勇气和魄力。

乔布斯在描述自己的人生观时,说:"我从小就把鲍勃·迪伦视为我学习的偶像。我年龄越大,越能体会到他所有歌曲里所蕴含的哲理,并且发现他从来不会在原地踏步。一名真正的艺术家知道他想要成为什么样的人,并相信自己可以成为这样的人。无论成功与否,只要他们不怕失败,继

续冒险,他们就依然是艺术家,迪伦和毕加索正是这样的艺术家。"

创新,需要敢于冒险的勇气和魄力,无疑,这些正是乔布斯最不缺乏的。戴尔重视创新,谷歌重视创新,IBM 同样将创新视为和企业生命同样重要的东西,那么为什么其他公司难以复制苹果的创新法则?为什么那么多强劲的竞争对手都在苹果近乎疯狂的创新大潮面前败下阵去?原因很简单,创新需要异常强大的魄力,而几乎没有谁能像乔布斯和苹果公司那样拥有如此巨大的创新魄力——一种视失败为家常便饭的创新魄力。在乔布斯 1997 年回归苹果公司时,他的创新魄力体现在将公司的产品数量从 350 个砍到 10 个;在乔布斯审视 Apple Ⅱ 时,他的创新魄力体现在前无古人地将风扇从电脑上取消;在推出 iPhone 时,苹果的创新魄力体现在将键盘从智能手机的面板上取消,置入触摸屏中;在出品"雪豹"操作系统时,苹果的创新魄力体现在将操作系统的一部分代码彻底删除;在制作公司网站时,苹果的创新魄力体现在将主页上的信息删减得只剩下一件产品……

企业家精神的本质就是创新,甚至可以将企业定义为创新的机制。什么是创新精神?创新精神就是敢于冒险。

任何创新都是有风险的,都有可能不成功的概率,特别是在技术创新的问题上。在产品创新的过程中,如果创新投入过多,而结果却是产品不被市场接受,这样的创新就是失败,就是亏损,这就是创新的风险。但是,如果企业没有这种敢于承担失败风险的冒险精神,如果企业家永远只敢在嘴上谈谈创新,而不敢冒这个风险,那么可以说,这样的企业是没有生命力的企业,这样的企业家是失败的企业家。

你有不惧失败的勇气和魄力吗?在创新上,乔布斯和许多勇于创新的企业家总是选择一条人迹罕至的路,这看起来是冒险,实际上却是一种超越。只有冒险才能停止平庸,这就是苹果成功的关键所在。

多一些冒险精神吧!

【请你亮相】

1. 你认为冒险精神为什么会在今天逐渐缺失呢?

2. 我们该怎样培养青少年敢为天下先的冒险精神呢？

 **头脑风暴**
TOUNAOFENGBAO

一、潮人潮事

1. 一位全身瘫痪的老人想体验太空失重的感觉,令许多人感到不可思议,然而著名的英国物理学家霍金却做到了,他因此成为世界上第一位体验零重力飞行的残疾人,更体现出一位科学家为科技创新甘愿冒险的精神。

2. 诺贝尔为了研制更有威力的炸药而多次受伤,弟弟被炸死,父亲也落下终身残废。

3. 居里夫人研究放射性元素,终因长期受辐射患白血病去世。

4. 李时珍为写《本草纲目》,遍尝百草。

二、名言警句

1. 世之奇伟、瑰怪、非常之观,常在于险远,而人之所罕至焉,故非有志者不能至也。

——王安石

2. 你大胆向星星飞吧,万一你失败了,说不定还会落到月亮上呢。

——佚名〔西方〕

3. 不敢冒险的人既无骡子又无马;过分冒险的人既丢骡子又丢马。

——拉伯雷〔法〕

4. 接受挑战,就可以享受胜利的喜悦。

——杰纳勒尔·乔治·S·巴顿〔美〕

5. 人生要不是大胆地冒险,便是一无所获。

——海伦·凯勒〔美〕

6. 如果你从不接受挑战,就感受不到胜利的刺激。

——佚名〔英〕

7. 所谓活着的人,就是不断挑战的人,不断攀登命运险峰的人。

——雨果〔法〕

8. 万无一失意味着止步不前,那才是最大的危险。为了避险,才去冒险,避平庸无奇的险,值得。

——杨澜

附录：

附录1：创新个性自测

创新思维能力与人的个性心理特征有很大关系,创新思维能力强的人总有特殊的行为表现,下面的20道创新个性自测题是根据美国著名心理学家托拉斯的研究成果编成的。

1. 在做事、观察事物和听人说话时,你能否专心致志?
2. 说话、作文时,你是否经常运用类比的方法?
3. 你能否全神贯注地读书、书写和绘画?
4. 完成了教师布置的作业后,你是否总有一种兴奋感?
5. 你是否迷信权威?
6. 你是否喜欢寻找事物的各种原因?
7. 你在观察事物时,是否总是很精细?
8. 你是否常从别人的谈话中发现问题?
9. 在进行带有创造性的工作时,你是否经常忘记时间?
10. 你是否总能主动地发现一些问题,并能发现和问题有关的各种关系?
11. 你平时是否经常在学习或琢磨问题?
12. 你是否总对周围的事物保持着好奇心?
13. 对某一些问题有新发现时,你是否总能感到异常兴奋?
14. 通常,你是否能对事物预测结果,并能正确地验证这一结果?
15. 平常遇到困难和挫折,你是否气馁?
16. 你是否经常思考事物的新答案和新结果?
17. 你是否经常有很敏锐的观察力和提出问题的能力?
18. 在解题或研究课题时,你是否采用自己独特的方法来解决?
19. 遇到问题,你能否从多方面来探索解决它的可能性,而不是固定在一种思路上或局限在某一方面?

20. 你是否总有些新的设想在脑子里涌现,即使在游玩中也能产生新设想?

上述 20 题,如果回答"是"的超过 13 题,说明你的个性十分有利于创新;如果有 6~13 题回答"是",说明你的创新个性一般;如果你回答"是"的少于 6 题,说明从创新角度来看,你的个性较差。

附录2：创新思维能力自测

1. 与别人发生分歧时，你会：
(1) 立即作出结论并付诸行动　（B）
(2) 冷静地从多方面进行考虑　（A）
(3) 不知所措　（C）

2. 对老师、长者和领导者的意见，你会：
(1) 原封不动地接受　（C）
(2) 有些疑问和想法　（B）
(3) 同自己原来的意见结合起来　（A）

3. 你买东西回来后，你会：
(1) 马上使用　（B）
(2) 稍作改动再使用　（A）
(3) 舍不得用　（C）

4. 工作、学习有困难时，你会：
(1) 放弃初衷　（C）
(2) 请教别人　（B）
(3) 冥思苦想　（A）

5. 平时你喜欢：
(1) 打扑克、下围棋、下象棋　（A）
(2) 看侦探小说、惊险电视、电影　（B）
(3) 看滑稽有趣的闹剧，同别人聊天　（C）

6. 休息天去公园，你喜欢：
(1) 总是去某个公园　（C）
(2) 经常变换场所　（A）
(3) 听听父母与别人的意见　（B）

7. 你对智力游戏：

（1）无所谓　（B）

（2）不喜欢　（C）

（3）很喜欢　（A）

8. 针对眼前的东西，如铅笔，你能想出多少种新用途？

（1）3种以上　（C）

（2）8种以上　（B）

（3）15种以上　（A）

9. 刷牙时发现牙出血，你会：

（1）怨牙刷不好　（C）

（2）担心牙周炎　（B）

（3）设法使牙床不出血　（A）

10. 当有人向你提出没有用的建议时，你会：

（1）不予理睬　（C）

（2）看还有没有可取之处　（B）

（3）问他还有没有别的建议　（A）

上面各题，如果你答案中"A"最多，说明你的创新思维能力很强；如果"B"最多，说明你的创新思维能力一般；如果"C"最多，说明你的创新思维能力较差。

参考文献

[1] 玛丽莲·萨旺,弗莱彻.脑力激进:12周聪明绝顶[M].哈尔滨:北方文艺出版社,2007.

[2] 华莱士.经典思维50法[M].麦冬,译.呼和浩特:内蒙古人民出版社,2006.

[3] 郭强.创新能力培训全案[M].北京:人民邮电出版社,2011.

[4] 王行健.塔木德智慧全书[M].北京:地震出版社,2006.

[5] 约翰松.美第奇效应:创新灵感与交叉思维[M].刘尔铎,杨小庄,译.北京:商务印书馆,2006.

[6] 吴振海.不对称创新[M].北京:北京师范大学出版社,2007.

[7] 朱克江.企业自主创新案例[M].北京:经济管理出版社,2009.

[8] 李雪红,吴旭."很疯狂、很优秀"的特级飞行员——记总参陆航部试飞大队大队长宋义[N].中国青年报,2009-12-16.

[9] 赵文明.超越商道[M].北京:机械工业出版社,2012.

[10] 谢国渊.冒险成就传奇[J].意林,2010(5).

[11] 晨风.英国科学家计划打通地壳直接获取地幔物质[EB/OL].[2011-3-29].http://tech.sina.com.cn/d/2011-03-29/09355343748.shtml.

[12] yuxiang528.为什么不能有一点冒险精神[N].金华日报,2009-7-12.

[13] 王宇01.做青春路上最好的自己[EB/OL].[2011-1-15].http://vipreader.qidian.com/BookReader/BuyVIPChapterList.aspx?BookId=1831257.

[14] 影视老板欠巨债举枪自杀 浙商盲目投身娱乐圈引发惨剧[EB/OL].[2012-3-24].http://finance.cnr.cn/gs/201203/t20120324_509326389.shtml.

[15] 周和毅.冒险+理性=成功[N].市场报,2011-12-23.

[16] 滔红单.财富只向勇敢者招手[J].青年时代,2006(7).

[17] 罗沙.梦想照亮深海大洋——"蛟龙"号载人潜水器勇破7000米深度纪实[EB/OL].[2012-6-24].http://news.xinhuanet.com/tech/2012-06/24/c_112278429.htm.

[18] 奚钧.培养自强自立的男孩[M].北京:新世界出版社,2009.

[19] 许绍连.刘翔冒险创新突破 既大胆又值得肯定[EB/OL].[2011-4-13].http://sports.qq.com/a/20110413/000811.htm.